자살

차례
Contents

프롤로그 — 죽음, 진실 그리고 신비

　"진실을 말한다는 것은 어떤 의미에서는 극지에 서는 것과 같이 위험한 일이다"(태공망, 「문사 文師」). 진실 그 자체는 모든 허위 내지는 그 진실에 이르지 못하는 것들을 벗겨내고 벗겨내면 맨 마지막으로 드러나는 것과 같이 저 지극한 지점에 자리 잡고 있다. 그러나 세상은 진실에 의해서 움직이는 것이 아니다. '자연은 진공상태를 두려워한다'는 말처럼, 세상은 그 허위가 진실에 의해서 벌거벗겨지는 것을 두려워한다. 그래서 때로는 그 허위가 역으로 진실을 잠식해버리는 것이 아닌가 하는 생각도 든다. 그런 이유로 일단 진실을 말해버리면 모든 허위가 삽시간에 잠식되기 때문에, 진실을 말한다는 것은 말하자면 두 번 다시 돌이킬 수 없는 위험한 일인 것이다.

3

인간의 삶에 관한 한 나는 두 가지 지고의 진실이 있다고 본다. 탄생과 죽음이 그것이다. 특이한 것은 둘 다 단 한 번만 경험할 수 있는 것이고, 또한 경험한다 해도 결코 그 신비를 이해하지는 못한다는 점이다. 사랑의 결합에 의해 탄생이라는 경이가 이루어진다는 것을 알고 있다고 해서 그것이 탄생의 신비를 포착했음을 의미하는 것은 아니다. 그것은 탄생의 신비에 대한 생물학적 지식일 뿐으로 기껏해야 그 신비에 관한 풍문 정도에 불과한 것이기 때문이다. 마찬가지로 죽음 역시 그 본질적인 경험의 불가능성에 의해서 비밀이 밝혀지는 것을 거부한다. 죽음은 그 자체로서 영원한 것이다. 물론 죽음에 대한 생각 자체를 거부하는 사람들에게는 죽음에 대해서 생각한다는 것이 노쇠하고 무용한 것이겠지만, 죽음은 어떠한 지식이나 통찰로도 초월이 불가능한 것이니만큼 그 누구도 죽음에 대한 강박관념으로부터 자유로울 수는 없을 것이다.

　뿐만 아니라 인간 자체도 이 두 진실의 모습이 벌거벗겨지는 것을 원하지 않는 것 같다. 배아 복제 문제에 대한 근자의 저항도 이와 같은 태도와 무관한 것 같지는 않다. 필자의 생각으로는 배아 복제로 설사 탄생의 신비를 밝혀낸다 할지라도, 그것은 피상적인 비밀을 밝혀낸 것에 불과할 뿐 존재론적 의미에 대해서는 어떠한 비밀도 찾아내지 못할 것 같다. 아무튼 우리가 유사 이래로 여전히 터부 중의 터부로 남아 있는 이 두 진실에 대한 어떠한 도전도 허용하려 하지 않는 것만은 분명해 보인다.

특히 죽음에 관해 인간은 그 비밀의 반대급부에서인지 혹은 진실에 대한 두려움에서인지 알 수는 없지만, 이 두려움을 초월하거나 회피하는 편리한 방법을 찾아내었다. 탄생의 신화에 관해서 우리가 창조주의 전지전능함에 의탁했다고 한다면, 죽음의 두려움에 대해서는 조금 복잡한 반응을 보여 왔다고 할 수 있다.

가장 보편적이고 오래된 반응은 죽음 이후의 세계를 지옥이나 천국과 같은 내세의 어떤 관념을 통해서 신화화하는 것이었다. 하데스[1]나 발할라[2]와 같은 신화 속의 이야기는 이와 같은 반응이 만들어낸 대표적인 것들이다. 또한 그다지 달갑지 않은 죽음에 대한 생각을 숨기거나 억압함으로써 가능한 한 자신들로부터 멀리 떼어놓거나, 혹은 남들이야 어떻든 자신만은 영원 불사의 삶을 영위할 것이라는 믿음을 고수함으로써 죽음에 대한 상념을 회피하려는 경향도 있다. 물론 이것은 환상이다. 아직 자아가 형성되기 이전이라 죽음에 대한 아무런 관념이 없는 경우라면 가능한 이야기이겠지만, 시간은 결코 인간을 내버려두지 않는다. 오늘은 아니라 할지라도 세월이 가면 주변의 누군가는 떠나가게 되고, 그러면 바라든 바라지 않든, 우리는 어찌할 수 없이 이 문제로 되돌아오게 된다. 이 점에 관한 한, 단 한 치의 오차도 없다. 탄생의 신비라면 적어도 이론적으로는 피할 수 있다지만 죽음은 그 어떤 영향력도 거부한다. 그래서 이러한 반응이 더 설득력이 있고 보편적으로 행해지는지도 모른다.

마지막으로는 죽음을 하나의 엄연한 사실, 즉 우리의 실존과 관련된 일종의 사실로 볼 수도 있다. 자신의 삶, 좀 더 정확히는 그 삶과 관련된 행위를 죽음이 한정하는 삶의 유한성에 맞출 수 있다. 다시 말하면 삶을 끝내는 것을 과제로 삼아, 그때가 오면 가능한 한 편하고 안락하고 쉽게 사람들로부터 떠나는 것을 지고의 목표로 할 수 있다는 것이다. 이 경우 이 과제를 어떻게 실행할 것인가가 문제가 될 것이다. 그리고 우리가 이미 알고 있는 바와 같이 이 문제는 일단의 의사들에게는 명확하고 분명한 방식으로 제기되고 있다.

망설임

여기에서는 바로 그 죽음에 관해서, 좀 더 정확하게는 때가되어 떠나가는 조용하고 포근한 죽음을 기다리지 못하고 자신이 원하는 때에 의도적으로 소멸의 시기를 결정해버리는 '자살'이라는 것에 대해서 생각해보려고 한다.

그러나 자살에 대해 무엇인가를 말하는 것에는 솔직히 불편함이 뒤따른다. 우선, 행여나 자살에 대해서 흐릿한 생각을 가지고 있는 사람들에게 자살해 버리고픈 충동을 부추길 수도 있다는 비난이 사실 두렵다. 그러므로 최대한 솔직하게, 꾸밈없이 말해야 한다는 것을 전제로 한다. 이것은 필자만의 생각이므로 결코 동의를 구하거나 무엇인가를 확인하기 위해서 쓰는 것이 절대 아니다. 물론 비난이 있다면 감수해야 하겠으나,

이 글은 결코 자살에 대한 예찬이나 모욕이 아니다. 필자에게는 그럴 만할 경험도 없으니 그러고 싶다 하더라도 그럴 수가 없고, 그럴 의도도 없다. 오직 독자들의 현명하고 신중한 이해와 질책을 기다릴 뿐이다.

불편한 것은 이것만이 아니다. 죽음 또는 죽은 자, 그것도 전기 스파크처럼 '거칠고 급하게' 죽음을 택해버린 자에 대해서 말한다는 것 자체가 경우에 따라서는 하나의 도덕적 문제를 야기한다.

> 죽은 자에 대해서는 오직 좋은 것만을 (말할지어다). (De Mortuis nil nisi bene (dicendum).)
>
> 죽음 그 자체에 대해서 우리는 매우 특별하게 행동합니다. 그 사람에 관한 모든 비난은 참아버리고, 그 사람의 비리는 용서하며, "오직 좋은 것만을 말할지어다"를 주문합니다. 그리고 우리는 그의 장례식에서 주는 추도사와 그의 묘비에 새기는 비명에서는 오직 그의 장점만을 들춰냅니다. 죽은 자를 존경하는 것, 비록 이제는 그가 필요로 하는 것이 아니겠지만 그것은 어떠한 진리보다 우월하고, 살아있는 자에게 바치는 어떠한 경의보다 우월하다고 느끼는 것을 우리는 당연하게 받아들입니다.
>
> (지그문트 프로이드, 「빅토르 타우스크 *Victor Tausk*」)

위는 프로이드가 1919년 제자이자 연적이기도 한 빅토르 타우스크[3]의 자살에 즈음에서 피력한 하나의 도덕적 원칙이다. 라틴어 속담을 인용한 것으로 보아 그의 원칙이라기보다는 그보다 훨씬 이전에 형성된 원칙이라고 말해야 할 것 같다. 그렇다! "인생은 한 번, 죽음도 한 번, 태어남도 한 번, 소멸도 한 번뿐이다"라는 쉴러의 시구가 없다 해도 한 번 눕게 되면 영원히 끝이고, 만사가 허사인 것은 누구라도 알 수 있다. 그러니 그가 살아 있었을 때 표하지 못했다면 죽은 후에라도 죽은 이에 대한 존경은 표해야 할 것이다. 이것이 그의 죽음이 어떠한 것이었을지라도 영원한 비밀 속으로 돌아가는 망자가 누려야 할 인간으로서의 마지막 권리가 아니겠는가. 프로이트는 지극히 온당한 말을 한 것이다.

마지막으로는 죽음의 범주로서의 자살이 본질적으로 내포하고 있는 신비적 성격에서 기인한 어려움을 들 수 있다. 우리는 이해하기 어려운 어떤 문제들에 직면해서는 정치학적, 사회학적, 미학적 혹은 종교학적 관점이 무엇인가 분명한 것을 가져다주기를 바라고, 대개의 경우 이것들이 어느 정도는 우리의 기대에 부응하지만, 자살의 문제에 있어서만큼은 실망할 수밖에 없다. 의학, 정치, 종교, 사회학, 문화, 예술 그 어떤 것도 확실하고 분명하게 이 현상을 해독해내지 못한다. 역사적으로 이해하기 어려운 현상들에 관한 고찰에 일관성을 부여하고 나아가서 보편적 의미를 추출하는 임무를 맡은 철학에서조차도 자살의 문제에 관해서만큼은 확실한 것이 아무 것도 없다. 이는 아마 우리가 자살이라는 하나의 복잡한 차원의 현상에 직면하고 있기 때문일 것이다. 어쩌면 하나의 연구 대상이 아니라 여러 개의 연구 대상과 접하고 있는 것인지도 모른다.

어떤 하나의 현상에 대해서 고찰한다는 것은 이성의 질서에 따라서 고찰한다는 것이다. 그러나 자살은 부분적으로는 오히려 열정과 병리학의 질서를 따른다. 이것이 자살에 대해서 생각하고 말하는 것을 어렵게 한다. 자살에 대한 이성적인 논증들을 알고는 있지만 그 논증들이 자살자의 고통을 담고 있는 것은 아니다. 반면 자살자의 고통을 전해주는 말은 이성적인 논증에 이르지 못한다. 인간이 인간을 진실로 이해하기 위해서는 반드시 감정 이입이 필요하고, 나의 과학적 논증이 적어도 과학이라고 자처하려면 현상에 대해 일정한 거리를 유지해야 한다. 엄격하게 말하자면, 자살에 관한 논증들은 이 둘 사이를 영원한 평행선처럼 오락가락하는 것이다.

지식은 논증의 범주에 속하며 그 필수적인 요소이기도 하다. 그런데 정확히 자살에 이르게 하는 행위 자체는 그 논증의 범주를 벗어난다. 논증의 범주를 벗어난 행위들에 대해 어떻게 논증적인 말을 할 것인가? 게다가 죽어버린 자, 혹은 고통받는 자를 대신해서 말하는 사람은 누구에게 그리고 누구를 위해서 말하는 것이며, 또 누구의 입장에서 말하는 것인가? 사실, 자살에 관한 모든 담화는─물론 지금의 이 담화도 분명, 예외는 아니다─자살을 감행했거나 자살해버린 사람, 또는 자살을 감행하지 않은 사람들의 이야기이다. 그들은 자살을 생각한다기보다는 다른 사람이 아마도 절실하고 치열하게, 그리고 아마도 진정으로 고통스럽게 생각했을 자살의 문제에 대해서 생각하는 것이다. 그것도 그들을 위해서가 아니라, 자신을 위해서 생각한다. 요컨대, 잘 알지 못하는 한 인간의 내면의 드라마를 외부적인 담화를 통해서 이야기하는 셈이다. 그러나 어쩌겠는가! 죽은 자는 말이 없고, 만일 자살의 문제가 논증, 설혹 거기에는 이르지 못한다 해도 최소한 의미는 부여해야 한다면, 그것은 살아남은 자들의 몫일 것이다.

모든 지식은 그 대상을 가지며 객관성을 지향한다. 그러나 자살은 하나의 소여(所與)이며 주관성을 가진 한 주체의 행위인 것이다. 그러므로 하나의 수학적 내지는, 객관적 지식으로 환원될 수가 없는 법이다. 모든 과학은 진리를 주장하지만, 자살이라는 행위에 관해서는 결코 그 의미를 구축할 수가 없다. 논증상의 모든 하자를 너그럽게 인정해준다 하더라도 결국 프로이드의 개념을 빌리자면, 전적으로 검증할 수도, 검증되지도 않는 재구성일 뿐이다. 이와 같은 전제는 자살에 대한 철학, 내지는 문학, 의학, 아마도 모든 과학을 총괄하여, 그 역사가 증명하고 있다. 그러나 자살은 언제나 그 가족, 사회를 놀라게 하는 사건이다. 그리고 대개의 경우 그 가족과 사회 자체가 바로 그 자살의 피해자인 것이다.

자살의 문제에 관한 모순은 이것으로 끝이 아니다. 자살에 관한 모든 담화에는 근본적인 모순이 내재해 있다. 예컨대 의학은 정상과 병리로, 사회학은 규범과 아노미(무질서, 뒤르켕의 개념)로, 정치학은 개인과 사회로, 철학은 자유와 자기 상실로,

심리학은 삶의 충동과 죽음의 충동으로, 문화는 열정과 거부로 파악한다. 자살은 이처럼 관점에 따라서 끝없이 변하는, 영원한 하나의 고려 대상인 것이다. 어떤 하나의 관점이 자살에 대해서 결론에 이르렀다고 생각해 마지막 단어를 내뱉으려는 순간, 다른 또 하나의 관점이 그 불충분함을 고발해버리고 만다.

그렇지만 적어도 필자의 생각으로는, 철학은 여러 가지 관점이 가능한 어떤 사건이나 현상에 대한 단지 그 차이점과 일치점을 드러내는 것에 그쳐서는 안 된다고 본다. 철학의 목적이 그 본래의 어원적 의미가 지칭하는 바대로 '지혜의 추구'에 있다면, 그것은 실제로 실행 가능한 어떤 것이 되어야 한다고 믿는다. 그러나 여기서는 이 담화가 철학을 추구한다고 주장하지는 않을 것이다. 아니, 그렇게 주장할 수가 없다.

자살에 대한 사회적 수용의 양태

그러므로 시작은 역시 "왜 자살에 대한 이야기인가?"이다. 이는 "자살이란 조금은 말하기가 거북한 주제인데도 불구하고 왜 선택하였는가?"에 대한 답도 되겠지만, 철학적 사유에 있어서 "왜"라는 회의가 효과적인 방법론의 시초가 될 수 있다는 데에서도 의미가 있다고 할 것이다.

사실 자살은 죽음과는 다른 의미로, 어쩌면 죽음보다 훨씬 더 강력한 터부였다. 비단 자살이 신에 대한 불경이나 신성에 대한 모독ー실제로 오랫동안 그렇게 간주되었다ー이라는 점에서뿐만 아니라 죽음이란 피할 수 없는 것임에 반해 자살은 피할 수도 있는 일이라는, 보다 현실적인 이유에서도 자살은 필경 더한 터부였을 것이다.

여기서 사회적 터부의 효능과 미덕에 대해서 말하지는 않
겠다. 그것은 또 다른 주제가 될 수 있기 때문이다. 다만 약간
방향을 바꾸어서 문제를 제기해본다. 도대체 왜 침묵하는 미
덕을 발휘하지 못하고 경망스럽게 나서는 것인가? 무엇 때문
에 말하고 쓰는 것을 의무처럼 느끼는 양 나서는 것인가? 사
실 이 문제는 명확하게 제시된 바가 없는 만큼 상당히 역설적
이다. '침묵은 금이다'라는 오래된 격언을 모르는 바는 아니
다. 그것이 너무 진부하다고 간주된다면 최근에(2001) 재간행
된 디누아르(Dinouart) 사제의 『침묵의 미덕 *L'art de se taire*』
(1771)이라도 생각해보자.

> 인간은 오직 침묵 속에서만 자신을 가장 잘 제어할 수 있
> 을 뿐이다. 그 경우가 아니라면 그는, 말하자면 끊임없는 장
> 광설로 자신도 자신이 누구인지 모를 정도가 될 뿐으로서
> 오히려 자기가 아닌 타인으로서 자신을 유포하는 셈이다.[4]

"인간은 침묵 속에서만 자신을 가장 잘 제어할 수 있다"는
첫 부분은 이 책에서 시도하는 것과는 완전히 다른 요구임에
틀림없다. 이 짧은 경구는 고전주의 시대의 다른 유사한 경구
들과 마찬가지로 침묵, 절제, 침착함, 신중함, 제어, 통제와 같
은 전통적인 이상적 태도에 부합하는 자기 규율과 다스림의
원칙을 분명하게 말해주고 있다.

그런데 왜 비밀은 비밀대로 터부는 터부대로 남아 있게 하

지 못하고, 왜 말하는 것이 말하지 않는 것보다 낫다고 생각한 것인가? 터부는 점차 그 권위를 잃어가고 말은 도처에서 홍수처럼 넘쳐나는 유행을 따른다는 비난이 두려워도 솔직히 나는 모른다. 궁색하게나마 가능한 대답을 찾는다면 '이야기는 평화를 가져온다'는 것이다. "암흑 속에서 이야기하는 것은 고뇌와 어둠을 해소해준다"는 프로이드의 말이 아니더라도, 이야기가 광명을 가져오고 권위를 되찾아준다는 것을 알 수 있다. 고통에 대한 것이든 불안에 대한 것이든 간에, 우리는 그것을 '이야기'함으로써 두려움과 죄의식을 살풀이해서 내쫓아 버린다.

바로 그 점에서, 이야기는 삶이 도무지 이해할 수 없는 하나의 단절에 의해 막다른 골목에 이르렀을 때, 그 삶의 드라마가 계속되도록 보장해준다. 그것이 고통, 불안, 혹은 잠 못 이루게 하는 번민이든 우리는 그것을 이야기함으로써—비록 여전히 논쟁의 여지가 계속될 가능성은 열어놓지만—서로 나누고 교환할 수 있게 해준다. 기억하고 회상하고 또 기억하는 것, 그럼으로써 우리 모두 함께 기억하는 것의 긍정적인 측면에는, 죽고 싶은 충동으로 끝없이 소생하려는 특성을 가진 자살에 대한 강박 관념을 해소해 줄 수도 있으리라는 믿음이 있는 것이다.

사실 발설해버림으로써 치료하거나 최소한 고통을 경감한다는 개념이 프로이드 이후에 심리치료의 개념에 포함된 것은 아니다. 이미 수 세기 동안 '퀴라 아니마럼'(Cura animarum),

즉 환자로 하여금 질병에 관한 비밀로 추정되는 것을 고백하게 함으로써 환자를 치료한다는 '영혼치료'라는 종교적 관행으로 그것은 이미 실행되어 왔다. 불어에서 '가톨릭의 사제'와 '치료 요법'이라는 단어가 같은 철자를 쓰게 된 것은 단순한 우연이 아니다. 그들이야말로 그들의 교구에서 수 세기 동안 긴 법의(法衣)를 걸치고 떼어놓을 수 없는 애독서를 손에 쥔 채로 신도들의 탄생에서부터 죽음까지를 지켜왔던 것이다. 때로는 그들만이 읽고 쓸 줄을 아는 유일한 사람들이었기 때문일 수도 있겠지만, 그들이야말로 그 교구에 사는 어느 누구보다도 선량한 양들의 고백을 정성스럽게 들어주던 사람들이었기 때문일 것이다. 오늘날에 이르러서는 비록 그들의 숫자가 줄어들었다 해도, 그들이 거의 천 년 전에 부여된 임무를 계속 수행하고 있다는 것은 부정할 수 없을 것이다.

영혼 치료의 개념이 부분적으로는 프로이드 심리학에서 말하는 '충격적인 레미니선스'나 '억압' '잠재된 죄의식의 인식'이라는 개념 속으로 부분적으로 흡수된 것은 부정할 수 없다. 프로이드 심리치료 이론의 본질 중 하나는 따지고 보면 '감추어진 것을 드러낸다'는 것이다. 이것은 곧 하나의 질병 내지는 사회·병리학적 현상에 대해서 말하고 이야기한다는 것이 부분적으로 여전히 논쟁의 여지가 있을 수 있고, 또한 그 내용이 주관적이고 불확실·불안정하며 심지어 신뢰도가 떨어질 수도 있다는 점을 감안하더라도, 전체적으로는 치료에 긍정적인 방향으로 작용한다는 것을 의미한다.

왜냐하면 그것은 곧 도무지 인정하고 싶지 않고 인정할 수도 없는 불합리와 부조리, 그리고 비밀이 지배하는 곳에 약간의 의미와 질서와 일관성을 도입하는 것과 같기 때문이다. 약국에 어떤 약이 존재한다는 것은 곧 그 약이 효능을 발휘하는 질병이 존재한다는 것을 증명한다. 역으로 자살이라는 엄연한 질병—그것을 질병이라고 한다면—이 존재함에도 불구하고 그 약에 대해서 이야기하는 것이 왜 불가능한 것인지에 대한 설득력 있는 설명을 읽어보지 못했다는 것이 필자가 "감히 말해본다"는 것에 대한 변명이 될 수 있으리라고 기대해 본다.

물론 자살에 대한 터부가 너무나 강력하게 존재해 왔다는 것에 대해서 의미를 부여하지 않으려는 것은 아니다. 그러나 근대에 이르러서는 자살에 대해서 언급하는 것 자체를 꺼리는 이유의 상당 부분이 앵글로 색슨 류의 '저속한 싸구려' 저널리즘이 가져온 반작용의 여파라는 점도 부정할 수가 없다. 확실히 근자에 이르러 터부는 점차로 위력을 상실해가고 도처에 말이 넘쳐난다. 게다가 자살에 의해 부서지는 삶들이 맹목적인 비극을 재생산하며 충격을 던지는 이때, 비록 그것이 회환과 기억에 불과할지라도 자살에 대해 말하고 논하는 것이 불가능한 것은 아니라 생각한다.

터부

그러나 '침묵하는 것보다는 말하는 것이 더 낫다'는 것을 인정한다 하더라도 자살의 문제가 왜 수천 년 동안 침묵과 비밀의 은밀한 대상이었는지를 이해할 필요는 있다고 본다. 개략적인 이해를 위해, 자살이라는 단어가 불어에서 쓰이게 되는 시점을 예로 하여 자살이 어떻게 수용되어 왔는지를 그려보았다.

고대 그리스 로마 시대 후기	신성에 대한 모독·인간에 대한 범죄·자기 자신에 대한 살인이므로 자살은 죄악이었음

↓

18세기(1734)	'자살'이라는 단어가 등장함

↓

19세기	집합적 징후로 파악, 자살자를 희생자로 간주하여 자살을 하나의 병리적 현상으로 봄

고대

이 표에 나타나지 않은 그리스·로마 시대에는 자살이 별다른 제약 없이 받아들여졌다는 견해가 비교적 이견 없이 인정되고 있다. 당시에는 자살이 합법적이었을 뿐만 아니라 때로는 자살을 하도록 권고를 받기도 하였다고 한다. 문학상에서의 자살은 그것을 영웅적인 것으로 간주하는 호머(Homer)의 『오디세이』에 등장하는 에피카스테(Epicaste)로 거슬러 올라간다. 에피카스테는 메노이케우스의 딸이며 크레온의 여동생이다. 테베의 왕 라이오스의 아내가 되어 오이디프스를 낳았으나, 미래에 "아비를 죽이고 어미를 범할 것"이라는 예언 때문에 산 속에 버렸다. 성장한 오이디푸스는 우발적으로 라이오스를 죽였고 에피카스테는 아들인 줄 모르고 그와 결혼하였다. 오이디푸스와의 사이에서 에테오클레스와 플리네이케스 형제, 안티고네와 이스메네 자매를 낳은 그녀는 뒤늦게 오이디푸스가 자신의 아들임을 알고 나서 목매달아 죽었다.

전해 내려오는 기록으로 보면 기원 후 1세기까지는 자살에 대한 경의 내지는 숭배의 분위기가 존재했다고도 볼 수 있다. 전 37권의 『박물지 *Historia Naturalis*』를 남긴 고대 로마의 정치가이자 군인이며 학자인 플리니우스(Plinius Secundus, Gaius, 23~79)의 기록은 고대 그리스 초기 시대의 자살을 이해하는 데 매우 소중한 자료이다.

인생이란 어떤 희생을 치러서라도 오래 끌어가지 않으면 안 되는 것과 같은 그런 애착이 가는 것만은 아니라고 생각한다. 그대의 본질이 원래 어떻게 만들어져 있든 간에 남과 마찬가지로 그대 역시 죽지 않을 수 없으며, 품행이 나쁘고 신을 모독하는 일을 해온 사람도 마찬가지로 죽어간다. 그러므로 자연이 인간에게 부여하는 온갖 선물 중에서 적절한 시기에 죽는 것보다 더 좋은 일이 없다는 것을, 각자는 무엇보다도 자기의 영혼의 약으로서 기억해 두는 것이 좋다. 더구나 그 가운데서도 가장 뛰어난 선물은 자살할 수 있다는 것이다.

(『박물지』 제28권 제1장)

그는 또한 "신이라고 할지라도 결코 만능이라고 할 수는 없다고 생각한다. 왜냐하면 신은 설사 스스로 자살하기를 바란다고 하더라도 그것을 할 수 없기 때문이다. 그러나 인간은 그것이 가능하다. 스스로 죽음을 결정하는 것이야말로 신이 인간에게 부여한 가장 최상의 선물이다"(같은 책, 제2권 제7장)라고 덧붙이고 있다. 플라톤의 『파이돈』에 따른다면 이러한 입장은 그보다 4~5세기 앞서 소크라테스에 의해 이미 언급된 바 있다. 이러한 분위기를 실제로 실천에 옮긴 예 중 가장 극적인 경우는 아마도 소(小)카토와 세네카의 경우일 것이다.

사치를 배격한 농민 출신의 정치가·웅변가인 마르쿠스 포르시우스 카토(Marcus Porcius Cato, B.C.95~46)는 켄소르(일종의 감찰관)를 역임한 마르쿠스 포르키우스 카토(B.C.234~149)의 증손자이기에 소카토, 드물게는 카토 우티카라고도 한다. 우티카는 지금의 아프리카 북부에 해당하는 지역으로 카토가 정치적으로 궁지에 몰리자 은거한 곳이기 때문이다. 카토는 율리우스 카이사르를 비롯한 권력가들에 맞서서 로마의 공화정을 수호하려고 애쓴 보수적인 원로원 귀족들(옵티마테스)의 지도자였다.

그는 부모가 세상을 떠난 뒤 호민관을 지낸바 있는 친척 마르쿠스 리비우스 드루수스의 집에서 자랐다. B.C.72년 스파르타쿠스가 반란을 일으키자 군대에 들어가 일반 병사로서 이에 맞서 싸웠다. 그 후 마케도니아의 군 지휘관을 거쳐 재무관이 되었고, 다시 아시아 지역에 있는 속주의 관리가 되었다. 호민

관 임명 예정자로서 카틸리나 음모사건 관련자들을 처형하는데 찬성표를 던져 율리우스 카이사르의 분노를 샀다. 카토의 반대에 부딪치자 폼페이우스·카이사르·크라수스는 이른바 제1차 삼두정이라 불리는 연합을 결성했다. 카토는 원로원 편에 서서, 칼푸르니우스 비불루스와 함께 카이사르의 토지 분배법 제정을 저지하려 했으나 실패했다. B.C.51년 집정관이 되는데 실패한 카토는, 카이사르가 폼페이우스 및 원로원의 보수 귀족들과 맞선 싸움이 벌어지자 공직에서 은퇴할 결심을 했다. 그러나 그는 공화정을 보전하는 유일한 길이 과거에 자신이 반대했던 폼페이우스를 지지하는 것임을 깨달았다. 그래서 B.C.49년부터 카이사르와 폼페이우스(원로원 측)와의 내전이 발발하자 후자의 이념적 지주로서 활약하였다. 그러나 카이사르가 루비콘 강을 건너자 폼페이우스 편에 서서 시칠리아 방어를 맡았는데, 도저히 그 섬을 지키기가 어렵다고 판단되자 디라키움에서 폼페이우스와 합류했다. 폼페이우스가 B.C.46년 아프리카의 파르살루스 전투에서 패배하자 카토는 소규모의 패잔 병력을 이끌고 아프리카의 우티카에 은거했다. 그는 공화파 군대가 타프수스에서 결정적인 패배를 당했을 때(B.C.46)에도 문을 굳게 잠그고 나오지 않다가 항복을 거부하고 자살하고 만다. 바다를 통해 자신의·추종자들을 모두 내보낸 뒤 마지막 수송선이 떠나자 스스로 목숨을 끊었다고 한다.

절실한 극기주의 철학의 신봉자였던 그는 죽기 전날 밤 영혼의 불멸성에 관한 장려한 서술체 이야기인 플라톤의 『파이

루이 앙드레 가브리엘 부셰(1759~1842),
〈카토의 죽음〉, 1797.
로마역사회화 대상작, 파리국립예술학교 소장

돈』을 읽었다고 한다. 플루타르크가 묘사한 그의 죽음 장면에는 범상치 않은 장엄함이 서려 있다. 플루타르크에 따르면(「위대한 인물들의 생」, 『영웅전』 28장), 카토 우티카는 자신의 가슴 아래를 검으로 찔렀는데, 당시에 팔을 다친 상태였기에 충분한 힘을 가해지 못했다. 이것 때문에 그는 즉시 숨이 끊어지지는 않았다고 한다. 의사가 도착해서 상처를 꿰맸으나, 다시 정신을 차린 카토가 상처를 말아 놓은 것을 제거하자 곧 현장에서 숨졌다고 한다. 카이사르가 우티카에 도착했을 때 우티카 사람들은 카토에게 '구원자' '자유로운 현인' 이라는 칭호를 붙여 주었으며 경건한 장례를 치러주었다고 한다.

로마의 철학자·정치가·연설가·비극작가이며, 한때는 네로 황제의 스승이었던 세네카(Lucius Annaeus Seneca, 일명 소(小)세네카, B.C.4?~A.D.65)는 수사학교사로 유명한 루키우스 안나이우스 세네카(대(大)세네카)의 둘째 아들로 부유한 집안에서 태어났다. 어릴 때 큰어머니를 따라 로마에 간 그는 그곳에서 연설가 훈련을 받았고, 스토아주의와 금욕주의적 신피타고라스주의를 혼합한 섹스티(아우구스투스 황제 시절의 철학자)의학교에서 철학을 공부했다. 31년경 로마로 돌아와 활동하기 시작했으나 곧 황제 칼리굴라와 충돌했다. 황제는 그를 죽이려 했으나 그의 목숨이 얼마 남지 않았다는 변론 때문에 그만두었다. 41년에 클라우디우스 황제는 자신의 조카딸 율리아 리빌라 공주와 간통했다는 혐의로 세네카를 코르시카로 추방했다. 좋지 않은 환경에서 그는 자연과학과 철학을 공부했고 「위로문 *Consolationes*」이라는 제목으로 3편의 짧은 글을 썼다. 황제의 부인 아그리피나의 영향력 덕분에 49년 로마로 다시 돌아왔다. 그는 50년에 집정관이 되었고 돈 많은 여자 폼페이아 파울리나와 결혼했으며, 신임 근위대장인 섹스투스 아프라니우스 부루스 등 강력한 친구 집단을 만들었고 훗날의 황제인 네로의 스승이 되었다. 54년에 클라우디우스가 암살되자 세네카와 부루스는 권력의 정상에 올랐다. 1세기 중엽 로마의 지도적 지성인이었던 그는 네로 황제 재위 초기인 54~62년에 동료들과 함께 로마를 실질적으로 통치하였다. 그러나 제자인 네로 황제로부터 역모의 의심을 받자 그는 혈관을 끊고 자살하였다.

세네카의 자살 역시 극적인 데가 있는데 이는 타키투스의 『연대기』(제15권)에 자세히 서술되어 있다. 황제의 사자가 자살을 명하는 명령을 가지고 왔을 때 철학자는 아내와 두 친구와 함께 전원에서 저녁을 먹고 있었으며, 저녁을 마치고 동맥을 잘라 자살했다고 한다. 특히 세네카는 이미 자살을 '자유로 향하는 통로'라고 변호했고, 또 서간에서 "현자는 자신의 생

루카 조르다노, 〈세네카의 죽음〉
〈명령에 의한 죽음〉, 유화,
1684년경, 파리 루브르 미술관

명이 지속 가능한 시간까지가 아닌, 자기가 생존하려고 할 때
까지만 생존할 것"이라는 요지의 글을 남기기도 했다.

이처럼 고대 그리스·로마 시대의 초기에는 철학적인 이유
로 자살이 비교적 긍정적으로 이해되었고, 때로는 자발적으
로 죽음을 선택한 사람들에게 어떤 의미에서는 찬사를 보낸
것을 알 수 있다. 확실히 고대 그리스·로마 시대에는 자살이
지금보다는 훨씬 용이하게 받아들여졌다고 할 수 있다. 로마
의 저술가인 발레리우스 막시무스(Maximus Valerius, B.C.20
~A.D.50)의 『기억할 만한 언행과 풍속에 관한 9권의 책
Factorum ac dictorum memorabilium libri LX』에 따르면 당시에
로마의 속주였던 프랑스의 마르세이유(로마명 마실리아)와 케
아 섬에서는, 이 세상을 하직하는 데 대한 적절한 이유를 말
할 수 있는 사람들에게 시 당국에서 공공연히 독인삼을 끓인
독약을 나누어 주었다고도 한다.[5] 자살을 허락하는 최초의
허가증이 기원전 5세기경에 아티카에서 처음 발행되었다고

23

말하는 학자도 있다.[6] 이 도시의 사람들은 자살 허가증을 발급해 달라고 국가에 요청해야 했다. "아테네에서는 원로원에 나가 삶을 지속하기 어려운 이유를 설명하고, 그러한 요구가 받아들여지면 자살이 적법한 이유로 인정되었다"[7]고 한다.

이런 분위기에 대하여 '자살이야말로 불멸을 향한 첩경이라 간주했다'고 하는 해석이 있으나 이에 동의하기는 힘들다. 로마 군대의 전통에 따르면 반역에 실패한 장군은 자신의 노예와 토지를 황제에게 바치고 따뜻한 물을 가득 채운 욕조에 들어가 팔의 정맥을 잘랐다고 한다. 따뜻한 물이 혈액의 순환을 부추겨 고통의 시간을 단축시켰던 것이다. 어떤 장군들은 그 전날 밤에 성대한 만찬을 벌이기도 했는데, 그러면 황제는 남아 있는 가족들을 대신 돌보아 주었다. 당시로서는 일종의 합리적인 타협책이었던 것이다.

실제로 타키투스나 플루타르크가 전하는 자살 이야기는 대부분 군인이나 황제에게서 총애를 잃은 정치가의 경우이다. 그러므로 그리스·로마에 자살 문화의 전통이 있었다는 의견에는 무리가 있다고 본다. 왜냐하면 자살은 여전히 매우 특수한 몇몇 경우에만 한정되었고 그 반대의 경우를 증명해줄 수 있는 확실한 고증을 접할 수 없기 때문이다. 백 번 양보해서 로마 시대에는 일종의 자살 문화가 분명히 존재했다고 할지라도 인간을 신의 창조물의 일부로 간주했던 로마 왕국 초기에는 스스로 죽음을 결정하는 것이 실제로 금지되었다. 다만 기원전 1세기 무렵부터 이러한 생각을 부정하는 자살의 예가 많이 발생하였는데, 이것은 시대의 흐름과도 무관하지는 않다고 보아야 한다. 카이사르가 권력을 장악하자 원로원은 서서히 무너져 갔으며 시민들의 자유도 훼손되어갔던 것이다. 이런 외중에서 정치 내지는 국가에 대한 역겨움이 자살로 표현되었던 것이라 할 수 있다. 또한 황제가 집권하던 로마에서는 황제의 총애를 잃은 수많은 총신들이 자살을 기도했다. 앞서 말한 세네카의 경우도 여기에 해당한다.

이런 예외적인 경우를 제외한다면 그리스·로마 시대에는 자살이 금기 중의 하나였다고 말해도 무방할 것이다. 실제로 로마 시대에는 자살을 결행함으로써 사형을 피한 죄수들의 재산은 국가가 몰수했다. 그러나 이것은 자살에 대한 벌칙이 아니라 그가 저지른 죄에 대한 몰수였다. 특히 아리스토텔레스가 "자살은 설사 그 사람 자신에 있어서는 부정한 일이 아니라 할지라도 국가에 대해서는 하나의 부정이다"라고 단언했다 (『니코마코스 윤리학』 제5권 15장). 여기에서도 아리스토텔레스는 자살을 자기 자신에 대한 부정한 행위로 간주하지는 않고 있다. 즉, 자기 자신의 주인으로서 개인이 가지는 가치를 정면으로 부정하지는 못하고 있다는 것이다(이 철학적 문제에 관해서는 전개의 편의를 위해 이 책의 후반부를 참조하기를 바란다). 여기에서는 당시를 주도하고 있었던 이념으로서의 개인주의의 무게를 느낄 수 있다. 자살에 대하여 이렇듯 분명한 비난의 선례는 이미 그의 스승인 플라톤에게서 찾아볼 수 있다. 더욱이 플라톤이 비난한 내용은 제자의 그것에 비해 더 상세하고 현실적이기 때문에 더욱 확고하다 할 수 있다. 그는 『법』에서 친족 살해(군주 살해 포함)와 영아 살해죄에 적용할 징벌에 관해 논한 후에 자살의 경우도 언급한다.

그가 가진 가장 친숙한 것, 흔히 말하는 바에 따르자면 그가 가진 가장 소중한 것을 죽인 자에 대해서 어떤 벌을 내려야 하는가? 나는 지금 자살한 사람들에 대해서 말하고자 하는 것이다. 도시가 정의로운 사법적 판결에 의해서 죽음을 부여한 경우, 출구 없는 재앙에 의해 감내할 수 없는 고통이 그에게 운명처럼 떨어진 경우, 또는 도저히 삶이 불가능한 부끄러운 수치가 운명에 의해 강요하는 경우가 아닌데도 폭력에 의해 삶의 한 부분으로부터 스스로 박제되어버린 자. 즉, 단지 씩씩함의 결핍으로 비겁하게 스스로에게 부당한 형벌을 부과한 자에 대해서 말하려는 것이다. 이들의 경우에 매장과 순화를 위해서 어떤 의식을 따라야 할 것인가? 신은 그것을 알고 있을 것이다. 가장 가까운 부모들만이 관련자들이나 관련 법규에 자문을 구해서 그 지시에 따라 스스로 해결해야 할 것이다. 그러나 이런 방식으로 죽음을 택해버린 자들에 대해서는 우선 그들의 묘지 자체가 격리되어야 한다. 다른 어떤 묘지라도 이들의 것 옆에 있어서는 아니 된다. 이들의 묘는 12구역 떨어진 황량한 지역에 무명으로 처리되어야 한다. 거기에 이들을 매장하되 이들의 묘를 가리키는 어떠한 비석도 세워서는 아니 될 것이다.

자살에 관한 플라톤의 금지는 매우 확고하다. 그러나 자세히 읽어보면 이 금지에도 몇 가지 예외적인 상황을 인정하고 있다는 것을 알 수 있다. 즉, 당국이 형을 내린 경우― 스승인 소크라테스의 경우가 여기에 해당할 것이다― 와 심각한 질병으로 인한 경우가 그것이다. 또한 소위 '운명의 장난'이라는 경우가 있는데, 이 '운명의 장난'이라는 것은 실제로는 우리가 현재 목격하고 있는 '적응 실패'로 확대 해석할 수도 있다는 논란은 충분히 있을 수 있다고 본다.

기독교, 중세, 터부

앞에서 자살의 예에서 살펴보았듯이 비록 법적 내지는 학문적으로는 자살을 비난하거나 금지하는 것이 주된 경향이었지만 고대 그리스·로마의 사회·문화적 전통은 자살에 대해서 어느 정도의 수용성을 보여주고 있다고 본다. 하지만 이런 수용성은 기독교가 지배적인 종교로 자리 잡자 뒤로 물러나고, 자살에 대한 부정적 시각이 확고하게 자리 잡게 된다.

분명히 기독교-유대의 전통은 로마 시대의 자살이 지닌 긍정적 이미지를 철저히 부정하고 있다. 인간으로서의 품위를 지키려는 용기를 인정한다 해도 그들로서는 자살을 개인적 자유의 중요한 지표로서 받아들일 수는 없었을 것이다. 왜냐하면 오직 하느님만이 "모든 살아 있는 것들의 영혼과 인간의 육체의 숨결에 대한 권한을 갖고 있기"(욥기 12:10) 때문이다.

자살에 대한 금지는 살인에 대한 금지("살인하지 말지어다", 탈출기 20:13) 속에 농축되어 있다.

물론 예외적인 경우로 성경에도 자살자에 대한 언급은 있다. 전쟁터에서 포위당한 왕 아비멜렉은 시종으로 하여금 자신을 죽이게 하고(사사기 9:54), 길보아 산에서 블레셋 사람들과 전투하는 과정에서 화살을 맞아 중상을 입은 사울 왕은 이교도의 손에 붙잡히는 것을 피하려고 자기 칼 위로 엎드려 죽음을 재촉하니 시종도 그 뒤를 따른다(삼상 31: 4-5). 엘라 왕을 살해하고 스스로 이스라엘의 왕위에 오르려 반역을 시도한 시므리는 군대가 자신보다 군대 장관인 오므리를 따른다는 말을 듣고, 궁궐에 불을 지르고 그 불꽃 가운데로 자기 몸을 던져 자살하고 만다(왕상 16:18). 압살롬의 모사(謀士)였던 아히도벨은 자신이 압살롬에게 건의한 전략이 채택되지 않고 다윗이 심어 놓은 첩자 후세의 전략이 채택되자, 자기 모략이 시행되지 못함을 알고 "나귀에 안장을 지우고 떠나 고향으로 돌아가서 자기 집에 이르러 집을 정리하고 스스로 목매어 죽으매 그 아비 묘에 장사되"(삼하 17:23)었다 한다. 약간 특이한 경우로는 삼손을 들 수 있다. 블레셋 사람들에 의해서 장님이 된 이후(삿 16:21) 가사에 있는 블레셋의 신전에서 두 기둥을 붙잡고 무너뜨림으로써, 그는 그곳에 있는 블레셋 사람 3,000명과 함께 죽는다(삿 16:29-30).

앞에서 열거한 성경에 언급된 자살에 관해서는 두 가지 특징이 있다는 지적할 필요가 있다. 첫째는 대부분의 경우 자살이 전쟁 또는 이에 준하는 특수한 상황 속에서 이루어진다는 점이다. 구약의 전신이라고 할 수 있는 유대교에 이미 유명한 집단 자살의 예가 있다는 것은 시사하는 바가 적지 않다. 마사다에서 로마군의 포로가 되었을 때, 열성 유대교도 700여 명은 로마군의 포로가 되어 끌려가 노예가 되는 치욕을 피하기 위해 아내와 자식들을 자신들의 손으로 죽이고 스스로 목숨을 끊었다고 한다.8) 절망으로 자살한 구약의 아히도벨과 신약의 유다가 이에 해당하지 않는 유일한 경우이다.

두 번째의 특징은 구약, 특히 신약에서는 생물학적 죽음 자체보다는 죄를 범한 것에 대한 벌로 찾아온 자살에 주목하고 있다는 것이다. 예컨대 사울이 여호와께 죄를 범한 것에 대한 형벌로서 죽음이 찾아 온 것임을 분명히 할 뿐(대상 10:13-14), 그의 죽음의 의미에 대해서 아무런 설명 없이 기록하거나 자살 자체에 대해 평가하지 않고 있다. 반대로 삼손의 경우처럼 하나님이 인정하는 대의가 있으면, 사람을 죽이는 일이나 자신의 목숨을 내어놓는 경우도 허용이 된다. 때문에 삼손이 자신의 목숨을 죽음에 준한 사건 역시 "살인하지 말지어다"라는 계명을 어긴 통상적 범죄 행위로 취급되지 않는다. 하나님에게 기도한 후, 자신의 목숨을 잃을 것이 충분히 예상되는 상황에서 신전을 무너뜨리는 것을 결행한 삼손의 행동은 조국을 위해 장렬하게 싸우다가 전사한 행위이며, 예수의 말처럼 '친구를 위해 자기 목숨을 버리는 행위'로 간주할 수 있다는 점에서 성경의 가르침과는 어긋나지 않는 것으로 보고 있다는 해석도 가능하다.

성도전(聖徒傳)의 기록을 살펴보면 특히 1세기를 전후하여 종교적인 이유로 자살을 결행한 신자들을 거의 순교자로 간주하여 추앙하려는 해석이 보이는데 이는 당시 박해받는 상황 속에 있었던 기독교의 처지와 관련이 있다고 본다. 이처럼 예외적인 경우를 제외한다면 기독교는 비교적 확고하고 자살을 금기시하고 있다고 보아도 무방할 것이다. 물론 자살에 대한 보다 엄격하고 분명한 비난 중 하나는 고대 로마 교회의 교부(敎父)라 일컬어지는 성 아우구스티누스(St. Augustine, 354~430)의 것이다.

오늘날 아프리카의 알제리 북부 아마바에 해당하는 히포 레기우스의 젊은 주교였던 아우구스티누스는 4세기가 끝나갈 무렵 교구를 순회하다가 초기 기독교의 자살 예찬론자들이 벌이는 난폭한 강도 행각과 겁탈에 충격을 받았다. 그는 413년부터 427년까지 『신국론 *De Civitate Dei*』을 써서 중세 교회의 도덕적 원칙을 밝혔다.

> 우리가 말하고 우리가 확인하는 것, 그리고 온갖 방법을 다하여 우리가 증명하는 것은 결코 일시적인 고통으로부터 해방되기 위해서 생명을 포기할 권리가 인간에게는 없다는 것이다. 왜냐하면 그것은 끝이 없는 세계에 빠지는 것과 같기 때문이다. 만일 다른 사람이 저지른 죄를 위해 죽는(자살하는) 것이라면 이는 타인의 죄에 의해서 더럽혀지지 않은

자기 자신이 매우 중대한 심각한 죄를 범하는 것이기에 온
당치 않고, 만일 자신이 과거에 저지른 죄를 위해서라면 완
전히 속죄하기 위해서라도 우리는 바로 그 생을 필요로 하
는 것이기에 온당치가 않으며, 만일 죽은 다음에 기대할 수
있는 더 나은 삶을 바라는 욕망 때문이라는 것도 온당치가
않다. 왜냐면 자살로는 결코 더 나은 또 다른 생에 이르지
못하기 때문이다."

(『신국론』(神國論), 1권 26장)

자살에 대한 이와 같은 부정적 견해는 자살을 근본적으로
금기시하는 유럽 중세의 근간이 되었다. 이는 자살에 대해 앞
서 언급한 고대 그리스·로마 시대의 비난에까지 맥이 닿아 있
다고 본다. 그렇다 할지라도 자살이 사회적 터부로서 간주되
기까지의 제1차적 요인이 기독교적 요소라는 것을 부정하기
는 힘들 것이다. 아우구스티누스의 논조는 비록 그 표현이 부
드러울지라도 매우 강화되어 있으며 플라톤에게서 찾아볼 수
있는 예외의 경우까지도 엄격하게 제한하고 있다. 여전히 부
분적으로는 논란의 여지는 있겠지만, 고대 그리스·로마 시대
말기부터 자살을 비난하는 입장이 사회·문화적으로 주류를
형성하였고 이 흐름이 기독교의 전파와 더불어 더욱 확고하게
뿌리내렸다고 할 수 있다.

아우구스티누스는 일반적으로 이교설로 받아들여지는 4세
기 카르타고의 주교 도나(Donat)의 추종자들[9]과의 논쟁에서

어떠한 경우에도 자살에 대해서는 가치를 부여하지 않는 엄격한 입장을 견지하였다. 물론 그도 자살과 관련된 역사적 사건들을 언급하기는 했지만 이는 모방이 아닌, 오직 심판을 위해서였다. 도나파 추종자들과의 논쟁에서 확인하는 바처럼, 아우구스티누스는 특히 행복은 영혼의 평화 속에서 찾아야한다는 극기주의의 교리를 부정하려 했던 것으로 생각된다. 그는 극기주의 철학자들이 자살을 하는 것은 그들이 행복하지 못했기 때문이라고 생각했다. 이로부터 그는 그의 논거를 끄집어내었는데 그것은 자살 자체를 반대하기보다는 구원의 필요성을 옹호하는 쪽에 가까운 것이었다. 또한 정상적인 죽음을 맞이하는 로마인들에 대한 도나파 추종자들의 도전을 물리치기 위해서 진정한 순교자와 자살자를 구분해야 한다고도 주장하였다. 자살자는 죽음으로써 영혼의 평화를 찾는다고 하지만 그 영혼의 평화는 '비존재'에 있는 것이 아니라 오히려 '충족한' 존재에 있다는 것이다. 그럼으로써 아우구스티누스는 그들이 주장하는 '무'의 개념의 모호성을 공격하고 있는 것이다.

서구의 중세는 이 히포레기우스의 젊은 주교의 견해를 따르게 된다. 563년 브라가 공의회와 580년 오세르 성직자회의에서는 모든 자살자를 처벌한다는 결정이 내려졌다. 단테(Dante)는 『신곡』에서 자살자에 대한 장송곡을 할애하기도 했다.[10] 또한 중세 스콜라 철학을 대표하는 이탈리아의 신학자 성 토마스 아퀴나스는 그의 『신학 대전 *Summa Theologiae*』에서 자살에 반대해야 하는 세 가지 근거를 제시했다. 즉, 자살이란 각자가 자기 자신에게 빚지고 있는 사랑에 대한 직접적인 공격이자 그가 속한 공동체에 대한 모욕이기 때문에, 그리고 만일 이것이 의도적이고 자유롭게 영속적으로 행해진다면 오직 신에게만 속하는 권한을 사취하는 신에 대한 범죄이므로 자살은 치명적인 죄악으로 간주해야 한다는 것이다.

이제 전반적인 정리를 해보자. 자살을 죄악과 동일시하여 자살에 대한 언급 자체를 금기시하는 경향은 중세를 훨씬 지날 때까지 내내 서구 사회를 지배했다고 볼 수 있다. 교회의 교두(敎頭)들은 이러한 비난을 끊임없이 되풀이했다. 공식적으로는 1917년의 구 교회법전까지도 이러한 논리에 의거, '데리베라토 콘실리오'(Deliberato consilio), 즉 자기 맘대로 생명을 해치는 권한을 사취한 자로부터는 교회장의 혜택을 박탈하였다.

그러나 18세기에 들어서면서 '자살'이라는 단어가 드디어 사용되기 시작했는데 이는 상징적 의미가 깊다. 영어에 비해 비교적 라틴 문화권의 전통에 가까운 불어권에서는 『마농 레스코』의 작가이기도 한 프레보(Antoine-Francois Prevost) 사제가 자살이라는 단어를 1734년에 처음 사용했다고 한다. 그러나 계몽주의 시대에 이를 때까지 자살을 지칭하는 용어는 주로 완곡 표현법에 의존하여 '자신을 해치다, 자신을 분쇄하다, 자신을 살해하다, 자신의 살해자가 되다, 스스로를 죽이다, 스스로를 없애다'와 같은 것들이었다. 이 모든 표현들은 공히 자살이―비록 그 행위자는 동시에 피해자이기도 하지만― 하나의 범죄임을 지칭하는 의미를 함축하고 있다.

그러므로 최소한 이 시기까지는 자살이 하나의 범죄, 그것도 이중의 혐의가 있는 매우 중대하고도 심각한 범죄로 간주되었다고 보아도 좋을 것이다. 우선은 신에 대한 불경죄였다. 자살은 하나의 유린이기에 악마의 승리라는 비난과 동시에 지옥에나 떨어져야 마땅한 범죄였다. 그래서 그들의 주검은 보통 사람들처럼 신성한 땅에 매장되지도 못했고 살아 있는 자들의 공동체뿐만이 아니라 죽은 자들의 공동체로부터도 떨어져 묻혀야 했다. 게다가 자살은 오직 자신만이 법과 권한을 행사하고 그 법의 권위를 지키고 공소를 유지해야 할 군주의 권한을 사취하는 것이기에 인간에 대한 불경죄, 즉 형법상의 범죄로도 간주되었던 것이다. 이 때문에 푸코가 적나라하게 서술한 것(1975, 1976)처럼 '시체에 대한 재판' '공개적인 시체 처벌' '부관'(部棺, 죽은 뒤에 죄가 드러나 무덤을 파고 관을 꺼내어 시체에 형을 가하는 것) '자살한 자의 재산의 몰수' 같은 형벌이 가해졌던 것이다.

시체에 대한 재판이나 형 집행은 마을 공터 혹은 광장에서 이루어졌다. 어떤 지역에서는 시체를 나무에 매달거나 물에 빠뜨리기도 했고, 파리와 보르도에서는 시체가 보이도록 그물망 같은 것에 사체의 얼굴이 땅에 닿도록 거꾸로 하여 울퉁불퉁한 자갈길이나 진흙탕 길을 끌고 갔으며[11] 릴르에서는 시체를 쇠스랑에 찔러서 골목을 질질 끌고 다녔다고 한다.[12] 또 어떤 지역에서는 여자들의 시체를 불에 태우기도 했으며 독일의 어느 지방에서는 시체를 소가죽에 싸서 나무에 매달아 썩게 내버려두었다고도 한다.

너무 느려서 변하지 않을 것 같지만 그래도 세상은 끊임없이 변화하는 법이다. 1734년에 '자살'이라는 단어가 쓰이게 된 것은 결코 우연이 아니고, 시사하는 바도 많다. 루이-세바스티앙 메르시에(Louis-Sébastien Mercier)가 1781년부터 1788년 사이에 관찰한 『파리의 풍경 *Tableau de Paris*』을 한 번 들어보자.

경찰이 주위 사람들에게 수소문해서 자살한 자의 신원을 파악하려는 수고를 한다. 어떤 사람이 자살하면 경찰이 와서 사건 경위서를 조용히 작성하고 교구의 사제로 하여금 죽은 자의 시체를 소란스럽지 않게 매장하게 한다. 이제는 부당한 법이 최후를 맞이한 자의 사체에 가하는 그물망 같은 것은 더 이상 없다. 게다가 그것은 매우 혐오스럽고 역겨운 장면이어서 특히 임신한 여자들도 많은 대도시에서는 위험스러운 결과를 초래할 수도 있을 것이다.[13]

짧은 기록이긴 하지만 이것은 자살이라는 사회 현상에 대한 민감한 변화는 충분히 전달해준다. 작가는 감히 '부당'하다는 수식어까지 사용하고 있다. 사건의 초입도 약화되었고 그 전개도 흐릿해졌다. 다만 응큼한 침묵만이 여전히 남아서 예전의 징벌이 가졌던 경건한 의식을 대신하는 것 같아 무서울 뿐이다.

시대에 따른 변화를 포착하기 위해 다시 시계를 한 50년쯤 돌려서 왕정 복고시대의 프랑스의 알랑송(Alençon)으로 가보자. 아타나스 그란손(Athanase Granson)은 불행한 삼류 시인이다. 후일 앙토넹 아르토(Artaud)가 빈센트 반 고흐(Van Gogh)에 대해서 말한 것처럼 어쩌면 그는 "사회가 만들어낸 자살자"일 수도 있다. 아타나스는 주머니에 돌을 가득 집어넣고 사르트 강에 투신하고 만다. 어머니는 아들이 교구 교회의 땅에 묻히기를 원해서 교구의 사제를 찾아가지만 거절당하고, 다시 혁명 당시 시민헌법에 선서한 옛날 사제를 찾아가 아들의 시체를 매장한다. 이 풍경의 기록은 『노처녀 *La vieille fille*』(1837)라는 작품의 일부이고, 기록자는 오노레 발자크(Balzac)이다(아타나스와 비슷한 방법으로 자살해버린 버지니아 울프가 발자크를 읽었는지도 모를 일이다). 이 부분은 후에 발자크 자신이 『인간희극 *Comédie humaine*』이라는 제목으로 작품을 재편성할 때 제4권 「풍속 연구, 지방 풍속」에 삽입되기도 하였다.

자정이 다 되어서 아타나스가 가장 좋아했던 친구 네 사람이 비밀리에 관을 교구로 옮겨왔다. 그곳에는 그란손 부인의 지인들인 몇몇 여인들이 검정색 옷을 입고 얼굴에 면사포를 내려쓰고 있었다. 그리고 생을 마감한 이 재능 있는 자와 절친했던 7~8명의 젊은이들이 전부였다. 네 개의 횃불만이 상장(喪章)에 덮인 관을 밝혀주고 있었고, 사제는 한 명의 복사가 부르는 성가에 따라 마지막 미사를 올렸다. 그리고 나서 자살자는 소리 없이 묘지 한 모퉁이로 옮겨졌다. 묘에는 검은색으로 칠한 나무십자가만이 떠난 자의 이름도 쓰지 않은 채로 어머니에게 아들이 묻힌 곳의 위치를 알려 줄 뿐이었다. 아타나스는 생을 살아왔으며 어둠 속에서 그 생을 마감했다. 사제는 오직 침묵만을 간직한 채 아무 말도 하지 않았다. 어머니의 가련한 처지가 아들이 저지른 불경을 보상한 셈이다.

(『노처녀 *La vieille fille*』, 1837)

이는 플라톤이 『법』에서 "자살자는 정상적으로 죽음을 맞이한 사람들과는 함께 묘지를 쓸 수 없다"고 주장한 후부터 2,000여 년이 지난 후의 풍속이다. 터부는 약화되었지만 여전히 암묵적인 권위를 행사하고 있다. 비록 중세의 풍속이 보여주었던 것과 같은 야만적이고 냉혹한 체형(體刑)은 없다 할지라도 아타나스의 주검은 여전히 어둠과 침묵 속에서 사라져가고 이름조차도 없다. 그는 흔적도 메아리도 남기지 못했던 것이다. 그것은 그가 살아가는 것에 겨워서 신의 뜻에 따르지 않고, 한 많은 세상을 급작스럽게 마감해버린 대가(代價)였다.

전환, 새로운 인식

19세기에 이르러서 자살은 악이나 죄의 표상보다는 점차 하나의 질병적 증후(症候)로 간주되기 시작한다. 그런데 이 증후라는 것은 그 주체가 누구인가에 따라서, 즉 증후의 주체를 한 개인으로 보느냐 아니면 그 개인들의 공동체인 사회로 보느냐에 따라서 분석의 관점이 달라지고, 그에 따라 증후의 유형과 원인을 구명하는 방향 역시 달라진다. 전자의 경우에는 프로이드가 그 대표적인 예로서 자살을 광기나 우울증, 신경쇠약, 자아 분열 등과 같은 의학적 혹은 심리학적인 병리현상과 관련된 증후로 간주한다. 반면 후자의 경우에는 자살을 사회적인 현상으로 파악하여 하나의 문화권 내에서 발생하는 집합적 증후로 간주하고 있다. 1897년 간행된 뒤르켕 (Emile Durkheim, 1858~1917)의 『자살론. 사회학적 연구 *Le suicide. Etude sociologie*』가 여기에 해당된다. 이것이 바로 우리가 이미 아는 바와 같이, 자살의 분석에 있어서 뒤르켕과 프로이드가 서로 다른 각도에서 각자의 이론을 제시하고 있는 이유이다.

뒤르켕의 자살 연구는 본질적으로 지극히 개인적인 심리상태에서 발생하는 현상을 설명하는 데 사회라는 특수성을 대입시켰다는 것에서 방법론적인 독창성을 가지고 있다. 즉, 인간의 외부적 영역에 있는 요인들이 인간의 내부 행동 영역에 뛰어듦으로써 자살이 성립한다는 것이다. 그는 자살을 크게 세 가지 유형으로 이기적(利己的) 자살, 이타적(利他的) 자살, 아노미(anomie)적 자살을 들었다. 이타적 자살이란 어떤 사회적 명분이나 목적에 자신을 희생시키는 것으로, 하나의 개인이 그가 속하는 공동체의 가치에 종속되는 정도가 가장 강한 단체 내에서 주로 목격될 수 있는 자살현상이다. 이는 사회의 권유·찬양·강요에 의해서 하는 자살로서, 뒤르켕의 설명에 의하면 한 사회에서 개인의 인격은 아주 작은 가치밖에 가질 수 없기 때문에 그 안에서 형성된 개인의 인격은 그 존재의 권한을 사회에 맡기고, 사회와 집단이 요구할 때 개인은 자신에 대한 공격을 감행하게 된다. 즉, 삶에 매달리지 않는 것이 미덕으로 간주되고 그러한 개인적·사회적 상황에 처할 때 삶을 버리면 그것이 찬양받는다는 것을 느낄 때 자살을 생각하는 것이다. 이러한 경우의 극명한 예는 제2차세계대전 중 유행했던 일본의 가미가제와 오늘날의 이슬람의 자살 특공대가 될 것이다. 반면 이기적 자살은 사회적 압력이나 규범 같은 외부적 요소에 적응하지 못해 발생하는 경우이다.

뒤르켕이 말하는 바에 따르면 감정상의 내적 동요나 정신병리학적 상태하에서 내려지는, 소위 '개인적인 결정'이라는 것이 자살의 진짜 이유가 되기에는 부족하다는 것이다. 예컨대 사랑에 실패하여 죽음을 선택한 것이라면 그는 이러저러한 또 다른 이유를 '구실'로 오늘이나 내일, 언제든지 자살을 선택해버릴 수 있다. 따라서 자살의 진짜 원인은 개인이 사회에 통합되는 정도와 그가 정신적으로 수행하는 적응하려는 행동에서 찾아야 한다고 주장하고 있다. 당연히 적응의 정도가 낮을수록 자살률은 높다. 그런 이유로 자살률은 지역이나 사회에 따라 달라질 수 있기 때문에 도시보다는 시골에서, 가톨릭사회보다는 신교사회에서, 전통적인 가족 구조가 튼튼한 지역보다는 이혼율이 높은 지역일수록 높다고 분석한다. 통합의 정도가 낮은 사회에서는 개인이 누리는 피상적인 자유가 실제로는 불만을 야기시키고, 그 사회가 추구하는 목적을 이기적으로만 수용하게 하며 나아가서는 자신의 인간성 자체에 대한 불만으로 이어지게 된다는 것이다. 이런 상태에서 이 불만족이 갑자기 꿈틀거리기 시작하면 사회는 더 이상 안전판의 역할을 하지 못하게 되어 아노미 상태가 초래되고, 이것이 반항하는 정신을 가진 어떤 이들로 하여금 그가 속한 공동체의 규범을 거스르게 만든다는 것이다. 이러한 상황은 특히 산업화가 고도로 진행된 사회에서 높은 자살률로 이어진다고 뒤르켕은 말한다.

프랑스의 사회학자인 모리스 알바아크(Maurice Halbwachs, 1877~1945)는 『자살의 원인들 *Les Causes du siucide*』(1930)과 『기억의 사회적 범주 *Les Cadres Sociaux de la Memoire*』(1925)에서 자살의 문제를 다루었다. 그는 "모든 사회적 현상이란 매우 복잡하다. 일례로 하나의 문화 공동체에서 일어나는 자살이라는 현상에는 종교의 영향도 하나의 원인으로 작용하고 있는 것처럼, 자살은 단 한 가지가 아닌 매우 복합적인 요인들에 의해서 발생한다"고 주장했다. 그의 이론은 뒤르켕의 영향을 비교적 그대로 수용한 것이었지만 방법론적으로 보다 구체적인 분석을 제시한 점에 그 특징이 있다고 보아야 할 것이다. 그는 사회적 관계의 유형을 밝히려고 노력했고, 그에 의해 사회적 관계가 복잡해질수록 자살하는 사람의 수도 증가한다는 사실을 보여주었다. 즉, 기존의 경제 구조가 해체되고 새로운 사회적 관계들과 혼란이 찾아오는 시기에는 자살도 증가한다는 것을 증명하려 했던 것이다.

다양한 사회적 요인들의 역할에 대한 이와 같은 연구는 현대에 이르러서 특히 미국의 사회학자들에게 많은 영향을 미쳤다. 그들은 한 개인이 사회로부터 구속받는 제약이 자살률과 살인사건, 즉 타살의 수치와 가지는 상관관계에 주목하였다. 흥미롭게도 이들 연구에 따르면 사회적으로 가장 하위계층에 속하고 자녀도 많은 흑인이나 빈곤계층보다는 사회적 구속을 가장 적게 받는, 즉 물질적 필요성이나 직업적인 의무의 속박으로부터 상대적으로 자유롭고 부유한 계층에서 더 높은 자살 경향이 나타났다. 반면에 살인은 전자의 경우에 더 많이 발생하는 것으로 밝혀졌다. 그러므로 그들은 '공격성이라는 것은 사회적 계층에 따라서 자살 혹은 살인의 형태로 드러난다'는 결론에 다다른 것으로 보인다. 그러나 이 결론은 다소 성급하고 무리가 있다. 생활수준의 향상이 실제적으로 살인의 감소와 그 대신 자살의 증가를 가져오는지에 대해서는 좀 더 심층적인 연구가 필요할 것으로 사료된다.

자살에 대한 사회적인 접근과 더불어 이 현상의 수용에 있어서의 근본적인 태도의 변화를 가져오는 데 기여한 것은 자살을 심리학적 관점에서 분석한 것이었다. 역설적으로 프로이드는 자살이라는 현상 자체에 대해서는 직접적으로 언급하지 않으면서도 자살과 살해의 특성을 강조하고 있고— 그런데 이 두 특성은 이미 프랑스에서 1734년에 생겨난 '자살(Sui-Cide)'

이라는 신조어와 그 라틴어 어원(Sui-Cidium) 속에 정확하게 함축되어 있다― 자살을 범죄로 간주하던 시각에서 자살자 자신을 일종의 피해자로 보는 시각으로 자연스럽게 관점을 이동시키는 데 일조하였다. 특히 그가 1916년 발표한 「슬픔과 우울증 *Mourning and Melancholia*」에서는 자살을 '증오와 공격성이 외부로 향하지 않고 자신 속으로 내향화된 것으로, 일종의 전도되고 이전된 살해'라 규정하고 있다.

게다가 그는 자살을 생각하는 것은 원래는 살해하고자 하는 충동 때문으로, 이것은 무의식적인 것이라 하였다. 사실은 여기에 매우 심각한 논쟁거리가 있다고 본다. 이점에 있어서는 뒤르켕이나 프로이드 공히 일맥상통하는 점이 있다. 그것이 심리적인 이유 때문이든 사회 현상적인 이유 때문이든, 말하자면 자기 자신의 주인이자 인간으로서의 권위를 가진 한 주체에 의해 완전히 자발적으로 투명하며 자유롭고 합리적이고 의식적인 결정의 결과로서 이루어지는 죽음의 경우에서 확인하는 바처럼, 자기 자신을 자유롭게 처분할 권한에 관한 문제가 그것이다. 다시 말해 '자발적이고 의식적이기만 하다면 과연 자신의 생명을 처분할 권리가 인간에게 있는가' 하는 문제가 그것이다.

프로이드의 이론을 인정한다 하더라도, 그리고 다른 측면에서는 비록 그것이 자기 자신이라 할지라도, 인간의 본성 그 자체가 여전히 생명을 지향하는 것이라면 이 본성과는 반대로 '또 다른 누군가'를 죽음으로 몰아넣는다는 점에서 자살은 살해라는 이면을 감추고 있는 것이다. 이것이 프로이드의 자살론이 숨기고 있는 비밀이다. 자기 자신을 죽이고자 하는 욕망이 원초적으로 죽이고자 하는 욕망이라면 그 자살이 간직한 비밀의 이면은 곧 '살해하고자 하는 욕망'이 아닌지 의심이 드는 것은 당연하다는 점이다.

오늘날에는 자살은 이제 더 이상 접근이 금지된 터부도 아니거니와 신의 실수로 일어난 하나의 단순한 사건도 아니다. 자살은 하나의 현상으로 인정되고 평가되고, 특히 그 자체가 한 희생자로의 행위라고 인식된다. 이것이 19세기 말부터 이루어진 인류학적 해석들이 다다른 자살에 대한 결론인 셈이다. 이런 맥락 속에서 이른바 '철학적 자살'이라는 용어가 정착될 정도로 자살의 정당성을 인정해야 하는 것인가 하는 문제가 대두되었다. 자살에 관한 한 정말로 '회의의 시대'에 접어들어 버린 것이다.

장 스타로벵스키(Jean Starobinski)는 1988년 아작스(Ajax)의 자살에 대한 주석에서[14] 서구의 문화적 전통에 존재하는 두 종류의 자살의 재현을 구별하고 있다. 하나는 행위 자체가 의도적이고 영웅적인 것으로서 완벽한 의식 상태에서 전혀 비밀스러운 구석이 없이 이루어지는 자살이다. 앞서 언급한 적이 있는 카토와 극기주의자들의 자살이 여기에 해당한다. 또 다른 하나는 어둡고 음침한 힘이 지배하는 빗나간 정신 상태나 착란 상태, 혹은 완전히 절망하여 의기소침한 상태에서 이루어지는 자살이 있는데 스타로벵스키는 이것의 대표적인 경우를 오필리아(햄릿이 사랑했던 여인)의 자살처럼 수동적이고 여성적이며 자포자기적인 자살의 예에서 찾아볼 수 있다고 한다. 그러나 이 두 개의 자살 사이의 경계는 사실 매우 불분명하고 애매하기 때문에 경우에 따라서는 모두가 단지 의도적인 죽음이라는 겉모습을 띨 가능성이 농후하다고 그는 덧붙인다.

이처럼 19세기부터 자리를 잡기 시작한 자살에 대한 다른 각도에서의 고찰은 자살을 그 터부의 위치에서 끌어내렸으며 우리들 인간의 존재에서 사라지지 않고 자리 잡고 있는 엄연한 하나의 현상으로서의 위상을 그것에 부여해버렸다. 그러나 과연 이것이 정당하고 가치론적으로 올바른 것인지에 대해서는 심각한 고민이 필요할 것 같다. 왜냐하면 이 글의 시작에서 언급했듯이 자살은 인간의 존재가 본질적으로 한계를 가지고 있는 단 두 개의 비밀에 속하는 것이며, 그 비밀은 현상의 차원을 넘어서고 있는 것이 아닌가 하는 의문이 여전히 남기 때문이다. 현상이란 인간 존재가 태어나서 죽기 이전까지, 즉 이 지상에 잔존하는 지속 기간 내에서 발생하는 사건들에 해당되는 것이지 그 한계를 넘어서서 탄생 이전과 소멸 이후의 신비에 대해서도 적용된다고는 말하기 어렵기 때문이다. 게다가 이 지상에서 일어나는 모든 일 중에서 현상이 아닌 것은 없지만, 모든 것을 현상으로 파악하는 것은 분명 중대한 문제를 안고 있기 때문이기도 하다.

자살의 이유

어떻게 삶을 향한 그 엄청난 충동을 억누를 수가 있단 말인가? 만일 충동이 아니라면, 수만 년 동안이나 의미에 대해 생각하기도 전에 습관적으로 수행해 온 본능에 따른 삶의 욕망을 꺾어 버릴 수 있다는 것인가? 그것도 아니라면 도대체 어떤 길에 의해서 고귀한 자아가 그 자신을 긍정하는 것을 거부하게 된다는 것인가?

괴테는 『베르테르의 슬픔』에서 한 존재가 죽음으로써 자신에게 고하는 작별의 의미를 말하려 했다. "떠나게 되어서 얼마나 기쁜지 모르겠다!" 그가 떠나온 친구 알베르트에게 보낸 편지의 첫 구절이다. 외관으로는 단지 떠나고 싶다는 단순한 바람으로 시작되는 것 같지만, 그것은 곧 그에게는 하나의 강박관념이자 집착이었던 '세상과의 결정적인 작별'로 구체화될 것이다. 자신이 바라는 위안을 구할 수 있는 아무런 출구도 없었기에 베르테르는 친구인 알베르트에게 "문제는 약한 인간인가 강한 인간인가를 아는 것이 아니라 육체적이거나 심리적인 그 고통의 무게를 감당할 수 있는가 하는 것이다"라고 적고 있다. 즉, '한 인간이 고통을 참아낼 수 있는가'라는 것이 문제가 되는 셈이다. 괴테에게는 자살이 죽음에 이르는 치명적인 질병과 마찬가지로 '자연의 사건'으로 여겨졌다. 두 가지 경우 모두에서 자살은 자연에 의해서 일어난 갈등의 유일한 해결책으로 등장하고 있다. "자연은 온갖 모순적이고 혼동된 힘으로 이루어진 미로의 출구를 찾지 못한다. 그러니 죽음뿐이다."

이 시점에서 죽음의 충동이 그치지 않고 내적으로 넘쳐날 때에는 운명적으로 이 충동이 축성의 의미로 다가온다. 즉, 자살하고픈 욕구가 심적 충동으로 다가올 때는 거부하기 힘든 유혹이 될 수 있다는 것이다. 베르테르의 핏기 없는 고독은 그것이 근원이 사랑하는 사람이든 넘쳐나는 이 충동의 서식지이든, 죽음의 충동이라는 이 모호한 욕망이 형태를 갖고 마침내 이루어져 축성을 받게 될 신성한 장소가 될 것이다. 그래서 그는 "그것(이 충동)은 성스러운 것이어서 모든 욕망도 그 앞에서는 빛을 잃고 만다"라고 롯데에게 쓰고 있다. 베르테르의 욕망이라는 것은 다른 출구가 없었기에 그 근원 자체로부터도, 그 대상으로부터도 단절되었던 것이다. 왜냐하면 베르테르는 채워지지 않을 욕망일지라도 어떻게든 스스로 위안하면서 삶을 계속 끌고 나가기에는 너무 순수했기 때문이다. 그의 욕망은 그 근원으로부터도 단절되었고 너무나 찬란한 그의 대상은 접근이 가능하지 않은 지점에 놓여 있었기에 대상으로부터도 단절되었던 것이다. 그 시점에서는 성스럽다는 것 자체가 참을 수·없는 것이 되어 버린다. 왜냐하면 무한히 넘쳐나는 욕망, 즉 하나의 절대 주체의 존재가 가로막고 있기 때문이다.

어떤 의미에서 베르테르는 너무 즉각적으로 신성한 것에 다다르려고 자살한 셈이다. 모든 불행과 욕망을 간직한 채로 세계 속에서 구체화된 주체 너머로 무한히 확장된 주체를 생각했기 때문이다. 이 절대적인 요구에 맞서서는 근본적으로 무기력하다는 것을 어떻게 느끼지 않을 수 있겠는가!

답장을 받지 못한 채 보낸 편지에서 베르테르는 친구에게 자신의 경험과 고통, 결국 권총 자살을 결심한 것까지 털어놓는다. 그의 자살을 막을 사람은 아무도 없었다. 누구도 그의 자살에 관해서 도덕을 이야기하지 않았다. 괴테는 주인공에게 동질성을 요구해 피할 수 없는 결론으로 자살을 부과했던 것이다.[15]

그러나 이제 베르테르도 노쇠했다. 감성이 찬양되는 낭만주의 시대에 사는 것도 아니니 베르테르의 세계관은 더 이상은 삶의 기준으로서 절망한 젊은이들을 매혹하는 일도 없을 것이다. 세상은 변한 것이다.

여기 또 하나의 편지를 보자. 부인과 딸을 남기고 자살한 어느 유명인사가 남긴 유서이다.

음악을 듣는 것뿐만 아니라 음악활동을 하는 것이 더 이상 나를 자극하지 못한 지가 벌써 수년이 되었습니다. 책을 읽거나 글을 쓰는 것도 마찬가지였습니다. 단어들이 표현할 수 있는 모든 것 이상으로 나는 이 상황에 책임을 느낄 뿐입니다. 내가 공연장의 통로에 있고 조명이 꺼지면 관중들의 환호 소리가 증폭될 때, 내겐 그 상황을 부추기고 즐기는 프레디 머큐리(Freddy Mercury)식의 방식이 아무런 감흥을 주지 못했습니다. 그렇지만 그것은 내가 언제나 감탄하고 또 바라던 바이기도 했습니다.

진실은 내가 당신들 중 그 누구도 속일 수 없다는 것입니다. 그것은 당신에 대해서도, 그리고 나 자신에 대해서도 정직한 태도가 아닐 것입니다. 최악의 죄는 내가 언제나 고래고래 소리를 지르듯이 거짓으로 그런 체하며 사람들을 속인다는 것입니다. 때로는 무대에 오르기 전에 시간등록기에 체크를 하는 느낌이 들곤 했답니다. 나는 지금까지 이 모든 것을 사랑하려고 내가 가진 능력을 다했습니다. 맹세컨대 믿어주기 바랍니다. 그러려고 노력했습니다. 나는 내(아니, 우리)가 많은 사람들을 감동시켰고 즐거움을 주었다는 것을 기쁘게 생각하지만 많이 부족했습니다.

아마도 나는 오직 홀로 있을 때만 사물의 고마움을 깨닫는 소위 나르시스트 타입인가 봅니다. 나는 너무 신경이 예민합니다. 어린 시절의 열정을 다시 찾으려면 조금은 둔감해질 필요가 있겠지요. 최근에 치렀던 3번의 순회공연 동안에 마주쳤던 사람들과 우리 음악의 팬들에 이르기까지, 나는 내 주변 사람 모두를 훨씬 더 감사하게 생각하게 되었습니다. 하지만 그렇다 해도 내 안에 있는 분노와 죄책감을 지울 수는 없었고, 동시에 사람들에게 내 자신을 증명해야 한다는 느낌도 떨쳐버릴 수가 없었습니다. 우리들 모두에게는 선한 부분이 있으며 나는 정말 사람들을 좋아합니다. 이것이 나를 정말로…… 슬프게(슬프고, 왜소하고, 민감하고, 사랑받지 못하고, 독약, 예수!) 합니다. 왜 나는 이것을 즐겨서 행복해지지 못하는 것일까요? 나도 모릅니다.

나에게는 야심과 배려가 넘치는 여신 같은 아내와 너무

나도 어린 시절의 나를 생각나게 하는 딸이 있지요. 그 아이는 너무나 사랑스럽고 쾌활해서 만나는 사람 누구에게나 키스를 하려고 합니다. 왜냐하면 그들은 모두가 착하고 그녀에게 전혀 해를 가하려는 사람들이 아닌 까닭이지요. 이것이 지금의 나에게는 어떻게 손쓸 수 없을 정도의 두려움으로 다가옵니다. 나는 내 딸 프랜시스가 지금의 나처럼 자기 파괴적인 막다른 골목으로 돌진하는 가련한 인간이 되는 상상을 견딜 수가 없습니다. 나는 성공했고 이 모든 것에 감사합니다. 일곱 살 이후로는 인간이라는 족속에 대해 대체적으로 증오를 가지게 되었습니다. 그것은 단지 그들이 너무 쉽게 어깨를 나란히 하고 걷는 것처럼 보였기 때문입니다. 어쩌면 단지 내가 너무 사랑했고 너무 많은 슬픔을 느꼈기 때문일지도 모릅니다. 몇 년간 편지를 보내주고 염려해 주었던 당신에게, 타서 짓무르고 토할 것 같은 뱃속 깊은 곳에서부터 감사를 표하고 싶습니다. 나는 이제 더 이상 아무런 열정도 느끼지 못한 채 어쩔 수 없는 방황만을 계속하는 낙오자가 된 것입니다. 그리고 기억해 주기 바랍니다. "서서히 사라져 가는 것보다는 한순간에 타올라서 폭발해 버리는 것이 낫다"는 닐 영의 노래 가사를.

유서의 주인은 1994년 자살한, 니르바나(Nirvana)의 리드 보컬이었던 커트 코베인(Kurt Cobain)이다. 유서의 내용은 비교적 함축적이어서 그의 음악과 가족 관계에 대한 일종의 의욕 상실을 자살의 주요 요인으로 추정할 수도 있을 것이다. 어쩌면 외관상으로 드러나는 자기혐오가 가장 근접한 요인으로 작용했는지도 모른다. 그러나 그의 자살 혹은 타살(?), 아니면 의문의 죽음을 둘러싸고 일어나는 세간의 설들만 난무할 뿐이다. "사랑하는 사람을 떠나보내는 데에는 50가지 방법이 있다"는 그룹 벨벳 언더그라운드(Velver Underground)의 루 리드(Lou Reed)의 노래로 답한들, 떠난 자에게나 남겨진 부인과 딸에게나 그것이 무슨 소용이 있겠는가?

자살의 이유에 대해서 생각해 볼 때, 단순하고 분명한 단 한 가지 원인만이 우리들 자신으로 하여금 스스로를 파괴하는 행위로 이끄는 것이라고는 믿기 어렵다. 특히 오늘날에 이르러서는 다양한 요인들의 중첩에 의해서 자살이 발생한다고 보는 것이 정설일 것이다.

이 복합성이란 것은 이른바 근대성의 가장 분명하고 대표적인 특징인데 역설적으로 바로 그것이 심각한 문제를 야기한다. 즉, 자살이라는 현상에 관해서는 단 한 가지 이유, 한 가지 비밀만을 찾아야 하는 것이 아니라 여러 가지 이유와 여러 가지 비밀, 어쩌면 산일(散逸)되어 있으면서도 상호간에 서로 얽히고설킨, 이루 헤아릴 수 없는 수많은 요인들을 찾아야 하기 때문이다. 막시마 아 미니미스(Maxima a miminus, 최소 원인에 최대 효과)로 대변되는 라이프니츠적인 단자론의 원칙에서 그 역인 미니마 아 막시미스(Minana a maximis)로 전도된 것이다.

사실 자살이라는 현상—그것을 '현상'이라고 꼭 인정해야 한다면—이 가진 진짜 문제는 그것에 대한 해답이 없다거나 그 원인을 이해할 수 없어 침묵하는 것이 아니라, 너무나 많은 답이 있고 원인의 규명에 대한 너무나 많은 담화들이 존재한 다는 것이다. 스톡홀름 출신의 작가인 어거스트 스트린버그 (August Strindberg, 1849~1912)는 여주인공의 자살로 막을 내 리는 『줄리 양(孃) *Miss Julie*』(1888)[16]의 서문에서 이렇게 적고 있다.

여기 누가 자살했다! 좋지 않은 일이군! 브르즈와는 그렇 게 말할 것이다! 불행한 사랑이군! 여자들은 그렇게 말할 것 이다! 병이 있었군! 질병에 걸린 사람들은 그렇게 말할 것이 다! 절망을 경험했군! 낙오자들은 그렇게 말할 것이다! 그런 데 어느 것이나 그 이유가 될 수 있을 것이고 또 그 어느 것도 정확한 이유가 되지 못할 수도 있을 것이다. 오직 저 세상으로 가버린 자만이 진짜 이유를 감추고 그것을 생의 기억들을 가장 잘 밝혀줄 수 있을 어떤 것으로 위장한 채로 사라져버렸다!

줄리 양에게 부과된 운명. 나는 그것들에 수많은 상황을 설정했다. 어머니로부터 물려받은 본성, 부친의 잘못된 교 육, 그녀의 성격에 대한 암시와 그녀의 약혼자가 유약하고 퇴폐적인 그녀의 정신에 미친 영향의 암시, 그리고 특히 성 요한 축제일의 분위기, 아버지의 출타, 그녀 자신이 자신의 규칙을 가지고 있었다는 것, 동물을 돌보았던 것, 춤추면서 느낄 수 있는 흥분된 분위기, 어슴푸레한 밤, 어쩌면 정염을

자극하는 꽃의 향기, 그리고 외딴 방에 단둘만 남게 된 우연
과 흥분한 남자의 무례함.

　도대체 줄리 양은 왜 자살했을까? 성 요한 축제일 전야의
어슴푸레한 밤의 분위기가 줄리 양을 몽롱하게 했을까? 그럴
수도 있었을 것이다. 하지만 작가가 몸소 잡다하게 열거한 것
처럼 언급한 모든 요소들 모두가 한결같이 추정 가능한 원인
일 수도 있다. 그러나 역시 모두가 하나같이 자살을 인정해야
할 만큼 정확하지는 않다. 그런데 가능한 요인 중에서도 우리
가 찾는 것은 언제나 '직접적이고 자살을 하지 않으면 안될
만큼 필연성이 드러나는' 요인이다. 주의 깊은 독자는 나름대
로 타당성이 충분하든 그렇지 못하든 간에 이러저러한 원인들
을 읽어낼 것이다. 여기에서도 작가가 나열한 수많은 요인들
이 결국은 우리를 피곤하게 하고 그 진짜 이유─그것이 정말
로 있을 수 있다면─에 대한 생각으로 질려버리게 하고 있다.
심지어는 마지막에 언급된 우연은 이 모든 요인들과 자살행위
와의 인과성을 모조리 모호하게 만들어버리고 만다. 그렇지만
독자들은 결코 입을 다물고 있지는 않을 것이다.

　실제로 우리는 자살이라는 현상 앞에서는 언제나 하나의
설명을 갈구하고 있다. 자살로 몰고 갈 만한 필연적이고 결정
적인 진짜 이유가 무엇인가? 수많은 전문가들은 자살에 대해
수긍이 갈 만한 명쾌한 이유를 찾기 위해, 사라져간 자의 흔적
으로부터 가능한 기호적 지표와 상징적 메시지를 찾으며 혼신

의 힘을 다한다. 물론 자살의 원인을 둘러싼 수수께끼가 비교적 명확하게 해독되는 경우도 간혹 있다. 그러나 대개의 경우에는 오직 스스로를 파괴해 버리고자 했던 강력한 의지를 제외한 다른 분명한 해독을 허용하지 않기 때문에 자살의 원인은 영원한 비밀로 남을 뿐이다.

이에 대해 우리는 오직 '침묵만이 미덕'이라며 스스로를 달래야 할 것인가?

자살, 자유인의 권리인가, 불가피한 선택인가?

왜 자살에 대해서 말하려고 하며 자살이 사회적으로 어떻게 받아들여졌는가에 관한 이야기는 이제 여기에서 마감하기로 하고, 보다 구체적인 문제, 즉 '자살에 대해서 찬성해야 하는가 반대해야 하는가'라는 문제에 관해 생각해 보자. 사실 이문제는 자살에 관해서 논할 때 일차적으로 떠오르는 질문이됨이 마땅할 것이다.

그러나 이 문제가 가능한 논리적 대답, 즉 '찬성한다' 혹은 '반대한다'는 두 가지로 간단하게 생각될 문제가 아니다. 왜냐하면 이 문제에 대해서는 논리적 가능성보다는 그 가능성이갖는 정당성이 중요한데, 인간의 어떠한 행위를 말할 때 그 행위가 내포할 수 있는 근본적인 정당성의 문제, 즉 의미의 문제를 따지지 않는다면 그 행위에 대해 찬성하거나 반대한다는 입장은 그야말로 아무런 의미도 갖지 못하기 때문이다. 뿐만 아니라 인간의 생명의 의미 및 그에 관한 것을 논리적 정당성으로 평가할 수가 없다는 문제도 걸림돌이 된다. 정당성에 관한 가치론적 논증이 필연적으로 요구되겠지만 그것조차도 풀리지 않는 하나의 아포리아(사물에 관해 해결의 방도를 찾을 수 없는 난관)에 해당된다는 데에 문제가 있는 것이다.

그럼에도 불구하고 여기에서 찬성과 반대의 문제를 제기하는 것은 그렇게 함으로써 ─ 물론 여기서는 자살에 대한 철학자들의 관점이나 태도를 살펴봄으로써 자살의 의미를 추적하고, 그렇게 함으로써 자살에 찬성할 것인가 반대할 것인가라는 문제에 접근하는 방법을 택할 것이다 ─ 비밀의 차원에 속하는 것을 어떻게든 우리들의 행동반경 이내로 끌어들이고픈 욕망 때문이고, 또한 구체적으로 사고의 반경을 미리 정해 놓고 접근함으로써 최소한 자살 문제에 있어서 무엇이 문제가 되는지를 역설적으로 밝혀줄 수 있으리라는 기대 때문이다.

그런데 자살에 찬성할 것인가 반대할 것인가 하는 문제에 대해, 한 생명체인 인간의 건강에 관련된 분야와 관계가 있는 사람들은 사실 이런 질문이 제기되기도 전에 이미 대답을 한 셈이라 할 수 있다. 즉, 낙태 문제에서와 마찬가지로 그들은 생명이라는 것에는 어떠한 조작도 가해져서는 안 된다는 하나의 원칙을 준수함으로써 그 질문에 명백하게 대답한 셈이 되는 것이다. 그런 이유로 삶을 유지하는 것이 고통만을 가져오고 다시는 소생할 희망이 전무한 것이 분명한 환자의 안락사 문제에 관해 자문을 구하는 의사들은 때론 동료들의 침묵에 고민하거나 차후 야기되는 결과로 인해 법적 추적까지를 감당해야 하기 때문에 난처해지기도 한다.

그들은 자살의 문제에 관해서는 변호사와도 같은 태도를 견지하고 있다. 변호사들은 어떤 의미에 있어서는 자신의 고객이 유죄인지 무죄인지에 대한 직접적인 검토를 피한다. 직업적인 변호사들은, 특히 그가 유능한 변호사라면 자신의 고객이 무고하다는 것에 대해서 의문을 품지 않고 언제나 제기된 어떤 기준과의 관계 속에서 기소된 내용이 합당한 것인지를 검토할 뿐이다. 마찬가지로 의사나 심리학자는 그들이 자살자를 미리 예방하거나 운 좋게도 실패한 자살 시도를 기도한 적이 있는 환자들을 돕는다는 점에서 자살의 문제와 직접적인 대면을 피하고 있는 것이라고 말할 수 있을 것이다. 의사는 그들의 환자가 왜, 그리고 어떻게 자살을 시도하는지에 대해서 의문을 품지 않는다. 그들은 오직 '어떻게 하면 사람들이 그 지경에까지 이르는 것을 피할 수 있는가'에 대해서만 고민할 뿐이다.

이들의 담화는 근본적으로 과학적이다. 자살을 하나의 개인적 사건으로 보기보다는 하나의 현상으로 간주하여 그 현상을 설명하고 그 원인을 찾으려는 데 주력하기 때문이다. 이것이 논리적으로는 합리적이고 타당한 태도일 것이다. 그러나 다른 한편에서 보면 이러한 입장은 자살의 의미가 무엇인지에 관해서는 개입을 하지 않음으로써 그것을 의도적으로 꺼리는 것 같다. 만일 '모든 인문과학은 반드시 과학적이어야 한다'는 명제에 갇혀 버린다면 마찬가지의 한계를 갖게 될 것이다. 그러나 인간이라는 부류는 비록 의미를 찾으려는 시도가 아무런 의미도 없음을 확인하는 실망감을 감수하고서라도 끊임없이 의미 추구를 시도하는 족속이다. 바로 이런 점에서 자살에 대한 과학적 담화는, 만일 인간의 모든 행위가 궁극적으로는 언제나 그 행위의 의미가 무엇인지에 대한 생각으로 되돌아간다는 것을 인정한다면, 자살의 의미 탐색에까지는 이르지 못하고 있는 것이다.

때문에 이 문제에 관한 철학자들의 태도는 피해를 최소화하기 위해서 자신들의 과학을 적용하려 하는 의사들과는 다르다. 그들이야말로 어떤 행위에 대한 찬성과 반대를 결정하기에 앞서, 먼저 그 행위의 의미를 추적하는 것을 끊임없이 시도한다. 다행스럽게도 자살의 역사에 관한 조지 미노이스의 저작물[17]이 비교적 최근에 출간되어 자살에 대한 철학자들의 입장을 명쾌하게 분석해놓았다. 여기에서는 주로 미노이스의 작업에 의거하여 자살에 대한 철학적 이론의 기본이 된다고 간주되는 세 가지 태도를 언급해보고자 한다.

1. 첫 번째는 자살을 비난하는 입장으로, 그리스 철학자들 중에는 대표적으로 플라톤과 아리스토텔레스가 있으며 기독교가 서구 사회의 주 종교로 자리 잡으면서부터 이 입

장은 성 아우구스투스와 토마스 아퀴나스를 통해 더욱 확고하고 절대적이 된다.

2. 두 번째 입장은 자살을 인간의 위엄과 권위를 보존하기 위한 하나의 자유로운 행위로 인정하는 것으로, 이른바 앞서 언급한 바 있는 '철학적 자살'이라 부르는 이론의 기초가 된다.

3. 존재의 문제에 있어서는 아무도 타인의 문제를 결정할 수 없다는 키르케고르의 입장이 세 번째인데, 이것은 또 다른 논쟁에 이르는 길을 열어놓았다.

우선 먼저 처음 두 가지 입장에 대해서 말해보자. 이 두 개는 상호 이율배반적이기 때문에 분리되어 다루어질 수도 없는 문제이다. 게다가 논리적으로는 서로에게 배타적이기 때문에 어느 하나만을 검토하는 것으로 충분하다. 첫 번째 입장에 관해서는 이 책의 전반부에서 상대적으로 많은 분량을 할애하였으므로 여기에서는 두 번째 태도를 중점적으로 검토해 보기로 한다.

자살에 대한 고대 그리스 사유의 특징은 바로 '관점의 다양성'에 있다. 특히 고대 그리스·로마 이후로 서구 세계를 사로잡은 지배적인 사상인 기독교가 아무런 유보 없이 자살을 비난했다는 점을 감안한다면 이 시대의 다양성은 더욱 두드러져 보인다.

각각의 학파들은 자신들의 입장을 견지하고 있는데, 우선 플라톤의 경우에는 두 가지 이유를 근거로 자살을 비난했다. 그는 철학자란 껍질 속의 조개처럼 영혼이 깃들어만 있는 육체의 세계를 떠나 이데아의 세계에 다다르기를 바라지만, 인간에게는 육체와 영혼이 분리되는 그 시점을 스스로 결정할 권한이 없다고 보았다. 왜냐하면 그를 육체의 껍질 속에 안치한 것은 신성(神性)이기 때문이다. 다른 한편으로 철학자는 신의 부름에 의하여 지고의 진리, 즉 선(善)의 이데아를 통찰하고 바로 그것에 의해서 선이 결핍되어 있는 상태, 혹은 무지의 상태의 다름이 아닌 악을 통찰할 수 있는 특권을 부여받았다. 그래서 철학자는 인간에게 이 진리를 가르쳐 주어야 할 책임이 있다. 그러므로 그는 생을 유지하고 있는 한 도시에 선을 심어야만 하고, 바로 이 이유로 그는 자살할 권리가 없는 것이다. 결론적으로, 자살을 하는 자는 진정한 선을 모르기 때문에 자살을 감행하는 것이라 한다. 그렇다 하더라도 자살에 대한 플라톤의 입장은 역설적으로 플라톤주의의 그것보다는 유보적이었다. 즉, 그는 예외적인 경우를 인정했던 것이다(이는 이미 언급한 바 있기에 여기서는 생략하도록 한다). 반면에 후일 토마스 아퀴나스의 사상에 많은 영향을 미친 아리스토텔레스의 자살에 대한 입장은 플라톤의 그것보다 더욱 엄격하다.

소크라테스와 극기주의 철학자들

어떤 상황 하에서는 자살이 정당하다고 인정하는 극기주의 철학자들의 입장에 대해서 언급하기 전에 우선 자살에 관한 이들의 사상에 근접한 소크라테스의 관점을 살펴보도록 하자. 소크라테스 역시나 다른 모든 평범한 사람들과 마찬가지로 자살에 대해서 아무 것도 아는 것이 없었지만 그것이 자신의 문제로 다가왔을 때, 그는 무엇보다도 자살이라는 그 개념 자체, 즉 있는 그대로의 현상을 검토한다.

분명 자네들은 나를 백조만도 못한 예언자로 여기는 것 같군. 백조는 죽음이 다가오는 것을 느끼게 되면, 그들의 주인인 신의 품으로 돌아가게 됨을 기뻐한 나머지 평소보다 더욱 아름답게 노래를 하는데 말일세. 인간들이 백조의 마지막 노래를 죽음에 대한 슬픔으로 여기는 것은 큰 잘못이네. 그렇게 생각하는 사람들은 죽음에 대해 자기 자신이 지닌 두려움 때문에, 제비나 오리, 꾀꼬리 혹은 그 밖의 어떤 새들도 춥거나 배가 고프거나 고통스러울 때 결코 우는 일이 없다는 것을 미처 생각해 내지 못하기 때문이네.

나는 절대 백조가 슬퍼서 우는 것이라고 생각지 않네. 아폴론 신의 사자인 백조들은 예견력이 있어, 저 세상에서 그들을 기다리고 있을 여러 가지 좋은 일들을 미리 알기 때문에 노래하는 것이라고 나는 믿네. 그러므로 백조는 죽는 바로 그날 여느 때보다 더욱 행복하게 노래하는 것이라네.

나도 백조와 마찬가지로 아폴론 신의 종이라고 생각하네. 그러므로 백조 못지않은 예언의 능력을 부여받았으며, 백조

이상의 즐거운 마음으로 이 세상을 떠나려는 것이네.

(플라톤, 『파이돈』[18])

위의 글은 철학사적으로 '죽음의 문제'에 대한 논의가 시작되는 출발점이라고도 할 수 있는 『파이돈』의 한 장면으로, 소크라테스가 자신이 죽기 전에 감옥으로 찾아온 사람들에게 하는 이야기이다. 소크라테스는 그가 자신의 죽음을 어떻게 받아들이고 있는지에 대하여 이야기를 해 주면서, 슬퍼하고 있는 제자들을 진정시키기 위하여 "철학자는 죽을 준비가 되어 있어야 한다"고 말한다. 또한 "죽으면 커다란 보상이 내려지고, 선한 신들과 훌륭한 다른 세상 사람들에게 간다는 소망이 있기 때문"이라고 그는 덧붙인다.

자살에 관한 논의에서 소크라테스의 예를 든다는 것은 사실 조금 난처한 문제를 야기한다. 우선, 도망할 기회가 있었는데도 기꺼이 죽음을 선택했다는 점에서 그의 죽음을 자살이라고까지 확대 해석한다는 전제를 필요로 한다.[19] 게다가 만일 그의 죽음이 의도적인 것이라는 것을 수용한다면, 인류 최고의 철학자의 말씀도 죽음 앞에서는 약간은 모호하다는 것도 문제가 될 것이다. 그의 입장은 사실 매우 불분명하다. 도대체 자살에 찬성한다는 것인가, 반대한다는 것인가? 만일 반대하는 것이라면 자신의 죽음은 무엇이란 말인가?

다시 한 번 정리해보자. 살 수 있는 새로운 기회를 버리고 죽음을 선택했다는 점에서 그의 선택은 자발적인 것이며, 따라서 자살과 똑같은 것이다. 그런데 소크라테스는 자살이 대부분의 사람들에게는 도덕적으로 나쁜 것임을 인정하고 있지만 이것이 철학자에게는 적용되지 않는다고 주장한다. 왜냐하면 철학자에게 죽음은 평정을 가지고 맞이해야 할 단순한 불행이 아닌, 자기 존재의 목적이기 때문이다. 즉, 그는 일반인에 대해서는 원하는 때에 죽을 권리를 인정하지 않으면서도 철학자에게는 인정하고 있다.

어떤 이유에서인가? 철학자만이 '저 세상에서 그들을 기다리는 좋은 일'을 '예견'하는 능력이 있기 때문인가? 게다가 죽으면 받게 된다는 보상인 그 '좋은 일'이란 것이 무엇인지도 궁금하다. '철학자는 육체적인 것은 경계하고 정신적인 것에 전념해야 한다'고 그가 역설한 것으로 보아 그 '좋은 일'은 분명 영적인 어떤 것이겠지만 적어도 이 문제에 관한 한 논리의 궁색함을 어쩔 수는 없다. 게다가 과연 그런 것인가? 그렇다면 언제든지 죽으면 좋은 것이 아닌가? 세상에 얽매여 부대끼며 사는 것보다 차라리 죽어서 행복한 세상에서 사는 게 더 좋은 것이라면 60억이나 되는 인구가 어떻게 여태껏 웅성거리며 죽지 않고 살아가고 있단 말인가?

그래서인가. 소크라테스는 또 말한다. "인간은 신의 소유물이고 신은 인간의 보호자이기 때문에 인간은 자살이 아니라 신이 부를 때 죽어야 한다고 하면서 자살은 잘못된 것"이라고 그는 자살의 부당성을 주장한다. "인간은 자기 감옥의 문을 두드릴 권리가 없는 수인(囚人)이다. (중략) 인간은 신이 소환할 때까지 기다려야 하며, 스스로 생명을 빼앗아서는 안 된다."

그런데 여기에 이르러서 하나의 근본적인 의문이 제기된다. 죽음에 대한 소크라테스의 정의(定義)는 정의(正義)가 반드시 승리한다는 것을 증명하기 위한 것이든, 아니면 사형언도라는 철학자에 대한 모욕—그에게 있어서 철학자에 대한 모욕은 곧 육체에 대한 정신의 우월성에 대한 모욕이었을 것이다—을 감내하는 것을 거부함으로써 정신의 위대성을 증명하기 위한 것이든 간에, 그것에는 삶을 포기할 만한 어떤 것이 있다는 것을 증명한다.

그렇다면 이제는 죽음이 문제가 되는 것이 아니라 삶이 문제가 된다. 즉, 그가 죽음을 택한 것은 그가 죽은 다음에 얻게 될 보상, 혹은 자신의 죽음이 남기게 될 교훈이나 의미가 삶을 계속하면서 이룩할 업적보다 크기 때문이 아니라, 삶을 포기해버리는 것이 지속하는 것보다 더 많은 가치를 지닌다고 판단했기 때문이라 볼 수 있는 것이다.

그렇다면 바로 이 시점에서, 삶은 그 지고의 정언적 명령, 즉 '무슨 일이 있더라도 삶은 계속되어야 한다'는 지극한 가치를 상실해버린다. 왜냐하면 세월의 무게나 질병으로 인한 자연사를 제외하고 그냥 심심해서 죽어버리는 죽음이라는 것은 없고, 죽음은 모두 어떤 이유나 원인 혹은 목적을 지니고 있으며 그 이유나 원인, 목적은 죽은 자들이 필연적으로 지키고자 했거나 상실하기를 거부했던 어떤 가치와 연결되어 있기 때문이다. 이는 이미 대철학자의 죽음이 증명한 문제이다. 그러면 도대체 죽음을 선택할 아니 삶을 포기할 만한 가치로는 어떤 것이 있는 것인가? 유감스럽게도 이 점에 관한 한 『파이돈』 역시 모두가 수긍할 만한 인간적인 답을 제시하고 있다고 보기는 힘들다. 난해할 뿐이다.

아무튼 '예언을 부여받은' 특권으로서 그 자신의 자살을 몸소 실행해 버린 소크라테스의 자살 같은 죽음이 극기주의에 와서는 죽음의 징후가 다가왔을 때 자살을 수긍하는 그런 흐름으로 발전되어 '철학적 자살'이란 한 흐름을 형성했다. 그러나 극기주의는 개인의 가치라는 점에 근거해서 자살을 인정하고 있다. 극기주의자들은 인간이 세계의 유희에 사로잡혀 있다고 보았다. 운명은 곧 세계이며 세계는 곧 운명이다. 그런데 인간은 다른 생명체와는 달리 자신이 결정할 수 있는 것과 자신이 결정할 수 없는 것을 분간할 수 있는 이성을 가지고 있다. 이성과 의지는 자신의 내부 세계의 영역에 속하는 것이고, 자신의 외부 세계에 속한 것은 자신이 결정할 수 없다. 바로 그렇기 때문에 그들은 자살이 악이 아니라고 보았다.

극기주의자들의 견해에 따르면 죽음 자체는 악이 아니다. 그냥 인간의 삶 속에 자리 잡고 있을 뿐이다. 죽음에 대해서 불평을 늘어놓는다고 바뀌는 것은 아무 것도 없고, 또한 죽음을 몰아내지도 못한다. 다시 말하자면 죽음 자체는 악이 아니지만, 죽음을 악이라고 여기는 관념이 인간으로 하여금 죽음을 악이라고 생각하게 만든다는 것이다. 인간은 자신에게 속하는 것을 더욱 확고히 만들어야 하지만, 반대로 자신의 영역

밖에 있는 것은 운명이 그것을 예정해주면 받아들여야 할 뿐이다. 이처럼 극기주의는 쇠사슬에 묶여 있는 노예라 할지라도 자신의 내적 자율성을 행사할 수 있는 최소한의 내적 자유는 소지하고 있다는 것을 말한다. 극기주의는 그것이 자신의 영역에 속하는 것과 그 영역의 경계 밖에 있는 것을 구분해야 한다는 점에서 합리적이고 자신의 영역에 속하는 것은 확고하게 붙잡아야 한다는 점에서는 자발적이라 할 수 있다.

이와 같은 근본적인 입장은 어떤 조건 하에서의 자살에 관해서는 그것이 정당하다는 것을 인정하게 한다. 우리에게 닥쳐오는 어떤 것들에 대해서는 예속 당하기를 거부해야 하고 더욱이 우리들의 의지와 상관없이 다가오는 모든 것을 경멸함으로써 초월할 줄 알아야 한다. 그러므로 그들은 특히 죽음을 무시해야 한다고 주장한다. 그러나 이 주장은 자살에 가치를 부여하자는 것이 아니라 살고 죽는 것에 무관하게 만드는 의지와 이성의 도움을 받아 자기 자신의 진정한 주인으로서 존재하자는 것이다. 다시 말한다면 자살 행위에 가치가 있는 것이 아니라 그 행위가 합리적인 결정에 따른 것이기만 하다면 그것을 가능하게 하는 내적 자유에 가치를 두는 것이다.

자살행위에 이러한 의미를 부여하는 사상의 흐름은 서구의 정신문화사에서 16~18세기에 철학적 자살을 정당화하기에 이른다. 자살 행위 자체를 인간으로서의 품위와 위엄을 보존하기 위한 자유 행위로 간주하는 이와 같은 태도의 근저에는 언제나 자신의 삶과 죽음의 주인으로서의 인간, 즉 '호모 수이

콤포스'(Homo Sui Compos)의 관념이 자리 잡고 있는 것이다.

"우리에게는 죽음을 향한 무분별한 경향이 있다. (중략) 특히나 이 리비도 모리엔디(Libido Moriendi, 죽고 싶은 욕망)에 사로잡히게 하는 열정에 이르는 것을 피해야 한다." 분명히 무모하게 비겁한 자들의 경우에서 목격할 수 있는 '열정으로서의 자살'은 비난받아 마땅하다. 그렇지만 "고통에서 해방시켜 줄 방법이 죽음 말고는 다른 것이 없을 때 이 세계를 떠날 시간을 스스로 결정하는 것은 오직 철학자에게만 속하는 지고의 존엄이다"라고 세네카는 말하고 있다.[20] "품위 있는 새는 일단 붙잡히면 발버둥치지 않는다"라는 몽테를랑(Monterlant)의 짧은 주석은 어떤 반향을 불러일으키는가! 모든 것을 다 시도했는데도 실패만이 거듭될 때 무엇 때문에 패배를 다시 겪게 할 필요가 있는가? 언제나 음침하기만 한 삶에 대한 혐오로 죽음에 굴복하는 것이 아니라 갑자기 추락해버린 존재에 대한 경멸로써, 죽음에 대한 당연한 두려움을 극복함으로써 최후의 승리를 쟁취할 수도 있는 것이 아닌가?

철학적 아포리아

이러한 극기주의 철학자들의 태도가 때로는 감탄과 찬사를 불러일으키지만 우리를 감동시키지는 못한다. 왜냐하면 너무나도 순결한 이 이성의 윤리는 그 순결함만큼 너무나 경직되어서 도저히 범인으로서는 따를 수가 없고, 그 존엄이라는 것은 너무 절대적이어서 추종할 수가 없기 때문이다. "자신의 명분과 관련해서는 아무도 심판자가 될 수 없다"며 자살을 특별한 형태의 살해로 인정하고 있는 아퀴나스의 단언과, "설사 그가 죄악에 빠지는 것이 두려워 죽기로 결심하였다 해도 그것은 정도가 보다 약한 악, 특히 불확실한 악을 위해서 악 중에서도 최악의 악을 선택하는 계산 착오일 뿐"이라는 아리스토텔레스의 주장도 부정하지 못할 정당성을 획득하고 있다. 자살이 극기주의자들의 행위에서처럼 용기의 증거로 간주되든, 에피쿠로스학파에서처럼 신중함의 징표로 간주되든 간에 어떠한 주의나 이념도 자살의 정당화에 대하여 보편적 가치를 가진 근거를 제시하지는 못한다. 의도적인 죽음에 굴복한다는 것은 키레네학파의 헤게시아스[21]가 그랬던 것처럼 무관심과 절망을 미덕이라 간주하는 것과 같다.

마찬가지로 기독교의 도덕 또한 자살에 대해서 '각자가 자신에게 부여해야 할 자비에 대한 죄악이자 그가 소속된 사회에 대한 불공정한 죄악이며 그에게 삶을 빌려준 신에 대한 죄악'으로 간주하고 있다. "여기 아무도 자신을 위해 사는 자도, 자신을 위해 죽는 자도 없다"고 성 베드로가 로마인들에게 한 말은, 자살을 진정한 미덕의 증거로서 받아들이는 것이 아니라 일종의 유약한 영혼의 증거로 간주하고 있음을 나타낸다. 죽음을 두려워하지 않는 것과 죽음을 앞서 가는 것은 구별되어야 할 필요가 있는 것이다.

서둘러서 죽음을 바라는 욕망과 그 최종 목표인 죽음 사이에서는 삼라만상을 지배하는 질서인, 천천히 다가오는 부드럽고 자연스러운 죽음을 기다리지 않고 어떤 특별함에 사로잡힌 삶의 온갖 페이소스가 전개되는 것이 아닌가 하는 회의도 있을 수 있다. "우리는 갑자기 죽음에 빠지지는 않는다. 조금씩 죽음을 향해서 나아가면서 매일 매일 죽어갈 뿐이다"라는 루실리우스의 시 구절에도, "오, 죽음이여! 살아서 비겁함을 따르기 싫다면 차라리 하늘이나 기쁘게 하려무나. 유일한 미덕이 죽음을 줄 수 있기를"이라는 루크나스[22]의 호소에도 세네카의 경구가 주는 장렬함 못지않은 은근한 담대함이 있다. 코제브(1902~1968)[23]에 따르자면 인간이란 '연기된 죽음'에 불과할 뿐이다.

그런데 모두가 자살을 개인적 의지의 승리로 간주하고는 있지만, 그 의지도 그 승리가 쟁취되는 순간에는 그 지지의 근거를 잃고 만다. 만일 시체가 다시 되살아난다면 그 승리가 결정적인 것만큼이나 순간적이라는 것을 알 것이지만 이제 그 승리를 연장시키고 그 기억을 보존하고 그 결과를 전개시켜 나가야 하는 것은 남아 있는 전 인류의 몫이 된단 말인가? 자살을 어떠한 고난에도 불구하고 살고자 하는 의지의 부정이라고 인정하지 않고, 그 반대로 생에 대한 보다 밀도 깊은 긍정의 징표로 간주한다는 것은 역설이 아닐 수 없다. 한 개인으로서의 존재를 있는 그대로 인정한다는 의미에서 죽음의 의지가 존중되어야 한다면 이것 또한 이기적인 쾌락이라는 비난을 감수해야 할 것이다. 살고자 하는 욕망과 이 의지의 실현 사이의 장애가 너무 크기 때문에, 삶에서 의지를 실현시킬 다른 방법이 없으므로 그 의지라는 현상 자체를 소멸시켜 버리는 자살이라는 형태로서 그것을 확인한다는 것은 의지를 보존하기 위해서 고통을 거부한다는 것과 같은 것이다.

게다가 사고와 운명이라는 것에 성급하게 사로잡힐 필요도 없다. 오히려 그 운명을 앞서 주도하고 죽음을 준비하는 것이 더 중요하지 않을까? 앞에서 언급한 자살을 조건부로 인정하는 철학자들은 전혀 정당하지 않은 자살과 정당한 자살의 경우를 분리하려고 한다. 물론 세네카는 정신의 균형을 잃어 자살한 것이 아니고 절망으로 자살한 것도 아니다. 그것은 다만 말 그대로 "모든 삶이 결국은 굴복하게 될 운명"이라는 의미로서의 마지막 행동이었다. 영혼과 의지의 힘을 부각시키면서 극기주의자들의 영웅성을 강조한다지만, 자살을 결행하는 철학자들이 죽음을 선택하는 것은 아니다. 왜냐하면 모든 인간은 죽을 수밖에 없는 운명이기 때문이다. 그들은 어떤 상황 속에서 죽음을 선택한 것이고, 이것은 전혀 다른 문제이다. 그러므로 이런 의미에서는 그들의 자살은 의도적인 죽음이 아니라, 말하자면 시기를 제대로 맞춘 죽음이며 그 시기의 포착은 이성에 의해서 그렇다고 판단된 시점일 뿐이다.

반대로, 어떤 의미에서 모든 인간은 언제나 자살의 가능성을 떨쳐버리지 못하고, 자연스런 죽음이 이 가능성을 실현시킬 때까지 안고 살아가는 것이라고도 할 수 있다. 자살의 가능성을 언제나 안고 살아간다는 것은 단지 죽어버리고 싶은 의지만을 살게 하는 것이 아니라 그 고통을 안고도 더 오래 더 고통스럽게 살기를 결심하는 것이기 때문에, 죽고 싶은 의지 뿐만이 아니라 생 전체를 더욱 의도적으로 만드는 것이다.

자살을 어떻게 볼 것인가에 대한 서로 대립되는 두 가지 철학적 입장을 간략히 살펴보았다. 그런데 문제는 자살을 정당화하거나 비난함으로써 서로 대립되는 두 개의 관념은 논리적으로나 윤리적으로 어느 한 편이 이의를 제기하지 못할 정도의 정당한 논거를 제시하지 못한 상태에서 — 이것에 대해서는 이미 충분한 논의가 되었다고 믿는다 — 각기 독자적인 영역을 확실하게 구축하고 있다는 점이다. 왜냐하면 이른바 신성에 절대성을 부여하느냐 혹은 인간의 자유 의지의 자율권을 인정하느냐에 따라서 각기 다른 입장을 지지할 타당한 근거를 마련할 수 있기 때문이다. 그러므로 그 어느 편의 관념에라도 모두가 동의하거나 이의를 제기할 정당한 이유는 있다. 이 점에 있어서 자살의 문제는 철학적으로 결코 해결될 수 없는 완전한 아포리아에 속하는 셈이다.

더욱이 서두에서 언급했듯이, 우리 인간으로서는 소멸과 탄생의 의미 — 만일 그것에 의미가 있다면 — 로의 접근이 불가능하거나, 그것은 인간에게 허용된 시간의 지속 범주 밖에 존재하는 신비가 아닌가 하는 회의도 어쩔 수 없다. 그런데도 이 두 입장의 공통점은 각각 자살이 무엇인지, 그리고 그 행위의 의미가 무엇인지를 분명하게 알고 있다고 주장하고 있다는 점이다. 이 시점에서 나는 장 아메리(Jean Améry)가 언급한 한 구절을 인용해 본다. "자살이라는 주제에 관해서는 수다 말고 아무 것도 한 것이 없는 사회가 이 무슨 교만인가! 이 남용을 그만두어야만 한다. 그러나 그것은 결단코 죽음에 대해서는 아무 것도 알 수가 없기 때문에 (실제로) 죽음에 대해서는 아무 것도 모르는 과학의 뻔뻔스러움을 맹렬하게 비난함으로써만 가능할 것이다. 그리고 나는 아무런 착각도 하지 않는다."[24] 그러나 그 역시 죽음의 의미에 대한 진실을 알고 있다고 자만하는 철학적 입장들에 대해서 논할 필요성을 느꼈고 또 실제로 그렇게 하고 있을 뿐이다.

바로 이렇기 때문에 자살에 반대한다거나 찬성하는 입장을 비교적 분명하게 표명하는 철학자들도 그 반대나 찬성의 정도에 있어서는 언제나 일정 수준의 유보를 동반하고 있는지도 모른다. 또한 이것이 적어도 자살의 문제에 관한 한 철학의 무기력함을 간접적으로나 인정하는 정직한 태도일지도 모른다. 누가 알겠는가! 자살에 찬성하는 소크라테스도 입장의 모호함을 보이고 있고 플라톤의 반대마저도 유보 조항을 담고 있다. 근대의 철학자들 역시 예외는 아닐 것이다. 비트겐슈타인도 자살에 대해서 반대하고 있다.

만일 자살이 허용된다면, 모든 것이 허용되어야 한다. 만일 모든 것이 허용되지 않는다면 자살 또한 허용되어서는 아니 된다.

이것이 바로 윤리의 본질에 관한 문제다. 자살은 말하자면 가장 근본적인 죄악이기 때문이다. 그러므로 자살을 알 아보려고 시도하는 것은 수증기의 본질이 어떤 것인가를 알 아보기 위해 수은 증기를 만져보려는 것과 같다고 할 수 있 다. (중략) 그런데 자살은 그 자체로서는 좋은 것도 나쁜 것 도 아니지 않는가![25]

역시 애매하다. 처음에는 비교적 확실하게 반대하고 있지만 곧 이어서는 철학에서 흔히 목격하는 상대주의에 줄을 대고 있다. 다른 여러 가지 현상들과 마찬가지로 자살이란 그 자체 로서는 좋은 것도 나쁜 것도 아니지 않는가? 그렇다고 이 오 락가락함을 완전히 무용하다고 말할 것인가? 형제가 셋이나 자살하는 것을 목격한 그로서는 자살 그 자체가 선도 악도 아 니라며 약간은 모호한 태도를 견지하는 어쩔 수 없는 타협만 이 차선책이었는지도 모른다. 이런 모호함은 비단 철학자에게 만 있었던 것은 아니다. 라이너 마리아 릴케는 자살에 반대하 는 우아한 글을 남겼지만 그도 후일 그가 백혈병에 걸려서 죽 음을 피할 수 없다는 것을 알았을 때에는 자살이라는 수단을 선택해 버렸다.

부서지기 쉬운 이 분노가 시작될 무렵 어떤 여인이 가벼 운 손을 얹는다면, 당신이 막 행동을 결행할 순간 육체와 영 혼을 지닌 한 다사다난한 누군가가 당신에게 말없이 다가온 다면, 하루가 곧 저물어갈 무렵 망치 소리가 들려오고 작업

장 근처를 지나갈 즈음, 커다란 당신의 눈에는 힘들어 일하는 개미들을 바라볼 여지가 여전히 있지는 않을까요 (중략)

죽음이 당신을 스치게 되면 부끄러워하지 마세요 이미 죽은 다른 자들도 끝까지 참아냈답니다. 시간이 지나가면 그들과도 조용히 시선을 교환할 수도 있을 것이니 두려워하지 마세요 죽은 자들의 관심을 끌도록 우리의 장례식으로 당신을 핍박하지는 않을 것입니다. 사건이 아직은 분명하게 보이는 이때에는 중요한 단어들은 더 이상 우리들을 위한 것이 아니랍니다. 누가 극복하는 것에 대해서 말하겠습니까? 단지 참아내는 것, 그것이 전부지요[26]

요컨대 철학자들에게는 자살은 자유라는 이름으로 가능한 행위이기도 하며 또한 불가능한 행위이기도 하다. 즉, 현상과 실재라는 칸트주의적인 상대주의가 자살을 바라보는 시각에도 적용되고 있는 것이다. 여기서 우리는 마지막 세 번째 태도인 키르케고르의 입장을 되돌아볼 필요가 있다. 왜냐하면 그의 견해가 자살에 관한 사고의 방향 전환에 실마리가 될 수도 있을 것이란 기대가 있기 때문이다.

키르케고르

이 덴마크의 철학자에게는 사고가 제1차적인 것이 아니다. 그에 의하면 우리에게는 사고하기 이전에 존재하는 것이 먼저

이고, 내가 사고하기 시작하는 것은 그 존재에 문제가 있기 때문이다. 그러나 불안이라든가 절망, 혹은 믿음 같은 삶의 경험은 결코 이성으로 환원될 수가 없다. 이 점에 관해서라면 그는 이성적인 모든 실재는 이성적이며 이성적인 모든 것은 실재라는 헤겔류의 단정에 정면으로 반대하고 있는 격이다. 절망이나 불안은 심리적인 범주에 속한다기보다는— 심리주의라는 관념이 그렇게 만들었을 뿐이다— 오히려 정신적인 것이며 인간이 자유로운 존재이기 때문에 생겨나는 것이라 한다. 그런데 인간이 자유롭다면 아무도 나를 대신해서 결정하거나 선택할 수 없다. 그것은 곧 내가 다른 누구를 위해서 대신 선택할 수 없는 것과 마찬가지이다. 키르케고르를 인용한다면 "각자가 자신을 위해서 스스로 결정하는 곳에서 (타인이) 할 수 있는 유일한 일이란 그를 위해 걱정해 주는 것뿐이다."

이때 걱정해 준다는 것이 물론 팔짱을 끼고 바라만 본다는 뜻은 아니다. 내가 그의 입장에서 선택한다면 나는 그가 자살을 선택하지 않기를 바란다. 그러나 내가 할 수 있는 일은 "다른 선택도 있을 수 있다"고 간접적으로 지적하는 것이 전부이다. 삶의 진실이라는 것은 내가 말하는 것에 있는 것이 아니라 발설된 것이 삶에서 나에게 다가와 경험으로 체험된 것 속에 있는 것이다. 대저 동양에서 말하는 측은지심의 진리도 이런 것일 것이다. 내가 정말로 비참한 처지를 겪어보지 못하면 남의 비참을 진정으로 이해한다고는 말할 수 없을 것이다.

철학이 진리를 소지하고 있을 수 있다는 의미에서도 철학은 모든 개인이 따라야 할 궁극적인 결승점이 아니다. 이 점에 있어서 키르케고르는 헤겔뿐만이 아니라 다른 모든 형이상학과 철학의 남용(?)에도 간접적으로 저항하고 있다. 물론 인간에 관한 진리를 가지고 있다고 주장하는 과학에 대해서도 직접 언급하지는 않았지만 당연히 과학도 이 칼날에서 벗어나지는 못할 것이다. 오로지 혼자서 자신의 결정과 맞서고 있는 어느 타인을 위해서 우리가 어떤 것을 대리 경험하거나 대리로 알 수는 없는 법이다. 바로 이 점에 의거하며 이 글의 마지막 도착점을 향해 나아가보고자 한다.

존재의 경험은 그것이 한 유일한 존재자의 경험이라는 점에서 언제나 유일한 것이라는 점을 키르케고르는 분명히 하였다. 그런데 개인적이라는 것은 언제든지 보편적이 될 수 있다. 죽음을 예로 들어보자. 죽음은 언제나 개인적이고 유일하고 결코 다른 것에 의해 경감될 수 없는 사건이다. 그러나 동시에 보편적이다. 자살에 대해서는 그것은 개인적임과 동시에 보편적인 경험이라 할 수 있다. 어느 집단이든 자살을 모르는 집단은 존재하지 않고, 그 누구라 할지라도 자살은 결코 생각할 수 없는 일이라고 한 줌의 의심도 없이 확고하게 단언하지는 못한다. 그러나 자살에 관한 담화에서 우리가 목격하는 실상은 제3자의 입장에서만 오락가락하고 있는 너무나 많은 주장과 진단들뿐이다. 그러나 이와는 반대로 자살에 관해서는 그 어느 누구도 제3자의 입장에 있지 않다. 따라서 우리가 자살이 무엇인지, 자살의 의미가 무엇인지를 안다고 주장한다면 바로 이 차원에서 자살의 문제에 대해서 말해야 할 것이다. 심리학이나 정신분석학, 사회학이나 사상의 역사 등과 같은 과학이 제기하고 또 그 해결책을 찾으려는 시도도 '나의 사건'이고, 그와 동시에 '우리 모두에게 해당되는 보편적인 사건'이라는 차원에서 이루어져야 할 것이다. 바로 이 차원에서만 이른바 철학적 자살이라는 개념도 성립할 수가 있다. 또한 만일 자살의 문제에 관한 어떤 도덕이나 윤리를 전개해야 한다면, 그것은 역시 개별적이면서도 반드시 보편적인 가치가 있는 어떤 것이 되어야 한다. 과학이 결코 존재의 차원에서 자살을 파악하지 않듯이 그 도덕 역시 자살을 결코 개인적인 사건으로 간주해서는 안 될 것이다. 왜냐하면 그 자체로서의 자살은 우리가 지금까지 확인했듯이 어떤 해결책을 찾을 수 있거나 혹은 찾을 수 없는 그런 문제가 아니기 때문이다.

자살과 윤리의 문제 -자살은 하나의 신비인가?

개인적이고 보편적인 사건으로서의 자살은 하나의 신비이고, 신비는 그 본질에 의해서 올바른 해결책이나 혹은 그릇된 해결책 양자 모두를 허용하지 않는다. 우리는 다만 바로 그 신비에 관한 결론을 찾지 못하기 때문에 이런저런 고달픈 사고만을 계속할 뿐이다.

이해를 돕기 위해 장 아메리의 생애에 대해 몇 마디 언급해보자. 그는 아우슈비츠 수용소에 수용되었다가 나온 후에 자살을 시도한다. 그러나 운 좋게도(?) 실패하여 구조된다(그는 이에 대해 "사람들이 나에게 가한 것 중 가장 지독한 일"이라고 말했다). 1976년에 『자살론』를 쓴 그는 1978년 자살한다. 장 아메리는 자살자는 삶의 논리에서 벗어나버렸기 때문에, 그에게 있어서는 삶이 지고의 가치를 갖는 것이 아니었다. 그러므로 역으로 삶의 논리에 머무르는 한 사람들은 자살자를 이해하지 못하는 것이다. "그 어둠을 통과해 본 자만이 말을 할 수 있는 자격이 있는 유일한 사람일 것이다. 그러나 그가 그 어둠에서 가져온 모든 것은 외부 세계의 밝음 속에서는 무용할 뿐이다."[27] 그렇다면 담화 따위는 전혀 필요치 않다는 뜻인가? 장 아메리도 이 신비의 개념을 인정하고 있다.

존재할 뿐만 아니라 우리의 존재의 행위 자체를 점유하고 있는 신비는 여전히, 그리고 언제나 담화를 발생시킨다. 또한 그 담화는 분명히 무기력하고 허약해서 아무리 비천한 그 누구라도 악의 없이 조롱하려고만 한다면 그것은 그다지 어렵지 않을 것이다. 그러나 음침한 심연에 빠져본 사람은 그 누구라도 이 담화에 스스로를 견주어보려 할 것이다. 비록 우리의 사고는 이 신비를 둘러싸고 엉성하고 커다란 원 또는 반원을 그리는 수준밖에 이르지 못할지라도, 우리는 우리의 사고를 이 신비에 집중하여 결코 다다르지 못할지라도 항상 이 비밀을 파헤내려는 정확성을 가지고 끊임없이 반복해야 할 필요가 있다. 우리에게는 명확한 언어(삶의 논리의 언어)의 광명이 밝혀내지 못하는 것을 어슴푸레하게나마 담화로 접근할 권리가 있는 것이다".[28]

이미 말했듯이 자살이라는 사건은─ 여기서는 분명 현상이 아니다— 신비로 남을 것이고, 결코 가능한 해결책도 허용하지 않을 것이다. 그럼에도 불구하고 그 신비를 문제시하는 것은 그 해결책이 어찌 되든 바로 그 자살을 문제시할 뿐만 아니라 존재하는 인간 자체를 문제시하는 것과 같다. 즉, 이 자살이라는 비밀스런 신비에 의해서 우리는 존재 조건의 한계를 인정하지 않을 수 없는, 비극적인 존재의 조건으로 되돌아온다는 것이다. 자살이란 사랑이나 탄생이 그 생물학적 외관의 양상을 넘어서는 차원에서 그러하듯이, 이해되는 것을 거부하고 이성에 의해 통합되는 것을 따르지 않는다. 자살에 대한 지식은 철학적 용어를 빌려서 이야기하자면 필연성이 결여된 우연성일 뿐이다. 그러나 이 점을 인정한다는 것이 이성의 가치를 폄하하는 의미로 해석되어서는 안 될 것이다. 과학주의나 실증주의뿐만 아니라 모든 형이상학적 도그마티즘(독단론)과 이념— 그것이 무엇이든, 이념이란 항시 어떤 목적을 위해 이성을 도구로 사용하고 있다는 점에서 일종의 유사 사상에 불과하다— 을 떠나자는 것은 바로 역설적으로 비이성주의의 함정에 빠져버리려는 것이 아니라 반대로 이성을 변증법적으로 수호하려는 것이다. 이것은 어떻게 보면 항시 도구적으로 사용되는 이성이나 혹은 언제나 어떤 절대적인 지식에 의해 교조적으로 인간을 지탱할 수 있다고 스스로를 믿는 이성이 만들어내는 자기 기만적 이성주의로부터 이성을 보호하는 것이다. 또 다른 한편으로는, 예컨대 싸구려 심리주의와 모호한 정신주의의 요상한 혼합과 같은 오늘날의 세계에서 온갖 외관을 띠고 횡행하는 비이성주의로부터 이성을 보존하려는 것이기도 하다. 스스로를 이성주의라 주장하는 이러한 시시한 이성주의는 기실은 비이성주의와 다르지 않다. 스스로 공허 속에 살아가는 존재의 비극을 감추고 있는 시대에 정신적 공허를 채워준다고 주장하는 이것은 언제나 소위 실용적-정신 건강적-이고 상업적이라는 기묘한 혼합을 위해 이성 자체를 도구적으로 사용할 뿐이고, 오히려 그 자신의 비극을 공허의 시대를 남용하는 것만큼이나 경박한 소비주의 속에 감추고 있는 격이다.

그렇다면 자살의 비밀 내지는 신비를 문제시하는 데 있어서 이성을 수호한다는 것은 무엇인가? 감히 용기를 내어 이야기한다면 그것은 역시 데카르트 이후 계몽주의를 지나오면서 오늘날 우리가 알고 있는, 이른바 과학에 이르는 지식이 말하는 것과 다른 태도가 있을 수 있는지에 대해서 회의해보는 것일 것이다.

우선 우리 자신들도 관련성이 전혀 없다고는 할 수는 없는, 인간의 생명을 다루는 사람들의 입장부터 시작해보자. 자살자 혹은 그 가능성이 있는 자-우리 모두가 해당되는 것이겠지만-들을 치료하려는 사람들에게는 그가 치료하고자 하는 환자의 자살은 죽음처럼 하나의 실패이다. 어쩌면 죽음보다 더 나쁜 실패일지도 모른다. 그들에게 있어서의 자살이란 극복하려고 시도하는 하나의 한계점인 것이다.

자살을 단지 실패의 차원에서만 인식하는 것은 물론 현재 지배적인 윤리와는 부합되는 일이겠지만 자살자와 그 자살자의 행위를 막을 수가 없었거나 함께 동반하지 못한 주변인 모두를 죄인시하는 것과 같다. 어떤 의미에서는 교회가 자살에 대해서 가한 비난보다 더 가혹한 유죄로 인정하는 셈이다. 왜냐하면 현재의 심판으로는 인간성의 초월이란 존재하지 않고, 우리 인간을 넘어서는 선이나 악도 존재하지 않기 때문이다. 또한 결과적으로 가능한 구원도 존재하지 않는다. 다만 인간이 인간을 지배하는 것에 따르는 책임만 존재할 뿐이다.

그런데 바로 이 시점에서 자살을 인간 존재의 비극적인 조건이 모습을 드러낸 것으로 인지하여 하나의 한계점이 아닌 출발점으로 볼 수는 없는 것인가? 존재와 그 존재를 규정하고 있는 지식에 대한 다른 방법이나 태도의 출발점 말이다. 이는 자살을 실패로만 볼 것이 아니라 인간성을 초월함으로써 인간성을 완전히 지배하려는 욕구로 인식한다는 의미이다. 자살을 실패의 차원에서만 검토하는 태도를 버린다는 것은 자살에 대한 유일한 대책으로 어떻게든 자살하려는 자를 일찍 발견하고 치료한다는 것만을 생각하는 태도를 버린다는 의미도 내포하고 있다.

자살을 바라보는 우리의 태도는 우리가 자살을 실패의 차원에서만 고려하기를 그만둘 때에 비로소 자살에 대한 하나의 지식이나 기술이 될 가능성이 있다. 즉, 인간의 비극성의 확인으로서 우리가 겪고 목격해 온 자살에 대해서 걱정하고 염려하는 의식을 갖는 것이다. 이미 키르케고르가 암시했듯이 겨정하고 염려한다는 것은 멀리서 바라본다는 뜻이 아니라, 나와 타인과의 거리를 인정하지 말고 보편적인 차원에서 자살의 문제에 접근해야 한다는 뜻이다. 그리고 그것이 이 글에서 자살에 대한 바람직한(?) 태도라는 확신을 가지고 주장하는 유일한 것일 것이다. 특히 만일 우리의 지식이라는 것이 어떻게든 자살을 줄이고 방지하는 것에 도움이 된다면, 이 주장은 더욱 현실적인 의미를 가질 것이다. 왜냐하면 자살하려는 의지를 공격하려는 것은 무모할 뿐더러 소용없는 일이며 가능하지도 않기 때문이다. 어떻게 형체도 실체도 보이지 않는 것을 공격해서 무너뜨릴 수가 있겠는가. 게다가 그것이 죽어버리고자 하는 의지라면 공격할 수단이 전무하지 않겠는가?

주장의 논거가 너무 변증법적인가? 만일 변증법을 좋아하지 않는다면, 같은 문제를 다른 방식으로 바라보도록 하자.

예컨대 이렇게 말해보자. 어떻게 인문과학에 인간을 돌려줄 것인가? 고도의 산업화를 목격해온 우리들로서는 자연에 대한 인간의 지배가 결국은 인간에 대한 인간의 지배로 탈바꿈한 것을 인정할 수 있을 것이다. 인문과학에 인간을 돌려준다는 것은 자연과학에 자연을 돌려준다는 것과 같다. 여기에서 유기적인 자연과 삶의 계속성에 관한 괴테나 쇼펜하우어, 니체 등등의 사상을 되돌아봐야 하겠지만 지금은 그 시기가 아니다. 다만 말하고자 하는 바는 지금 우리가 긴급하게 생각해야 할 것이 있다는 것, 그리고 그것은 자살이라는 비극을 인간에 관한 모든 인지과학적 방법론이 고려해야 할 인류학적 차원으로 통합해야 한다는 것이다.

동시에 철학과 정신-현대를 살아가는 우리들의 정신이라는 것이 소위 경제성과 현실에 다가서기 위해서 얼마나 철학으로부터 멀리 떨어져버렸는가를 생각해 보라-, 과학과 자연 사이의 단절의 시대로부터도 떠나야 한다. 자살에 집착하게 하는 문제를 해결하기 위해, 다시 말하면 보다 효과적인 해결책을 찾기 위해서라기보다는 인간과 자연에게 아직 남아 있는 것을 보존하고 구하기 위해서이다. 물론 인간과 자연에게 아직 구할 것이 남아 있고 그것이 아직 가능하다면 말이다.

그리고 너무 진부한 말이긴 하지만, 언제나 의미의 문제에 대해 생각해보아야 할 것이다. 의미의 문제를 생각한다는 것은 인간을 인간으로서, 즉 물질적 풍요와 필요성에 의해서만이 아니라 자연 속에 살아 있는 존재로서 존중해야 한다는 것이기도 하다. 필자의 가정이기는 하지만, 이것만이 어쩌면 생명을 신성하게 하거나(혹은 모독하거나) 자연을 지배한다는 환상 아래 서둘러서 달려가는 집합적 자살 충동으로부터 우리를 구원해줄 것이다. 이것이 바로 비단 심리적이고 정신적이며 사회학적일 뿐만이 아니라 또한 존재론적이기도 한 인간의 차원으로서의 고통에 대해서 다른 방식으로 접근하는 방법이 될 것이다.

에필로그 — 희망의 윤리

나는 단 한 번도 자살해 버리고 싶다는 생각을 심각하게 해 본 적이 없다. 물론 자살에 관해서는 수도 없이 생각하긴 했지만 말이다. 몇 년 전에 한 젊은이가 안타깝게도 이국에서 억울하기 짝이 없는 죽음을 당했다. 그러나 난 그 소식을 접하면서도, 그를 생각하지 않았다. 대신, 정확한 이유는 모르지만 그보다 약 2개월 전에 ─ 아마 2004년 4월이었던 것으로 기억된다 ─ 일어났던 다른 살인 사건이 생각났다. 이탈리아인으로서 이라크에서 경호 요원으로 일하던 피브리지오 콰트리치가 '예언자의 녹색여단'이란 이라크 저항세력에 납치돼 살해당한 일이 그것이었다. 알자지라가 소지한 피살 장면이 담긴 비디오를 보면 죽기 직전 복면의 사나이에게 그가 묻는다.

"도대체 당신들이 원하는 것이 무엇인가?"

답변은 조금은 장황하고 지저분했지만 이탈리아군의 완전 철군이 요구라는 요지였다. 그러자 36세의 콰트리치는 이렇게 말한다.

"이탈리아는 철군하지 않을 것이다."

또한 다음과 같이 덧붙였다.

"잘 봐 두어라. 이탈리아인이 어떻게 죽는지 보여주겠다."

그리고 콰트리치는 목 뒤에 권총을 맞고 숨졌다. 4월 14일 의 일이다.

그의 유언이 된 이 말은, 다음날인 4월 15일 프란코 플라티 니 이탈리아 외무장관이 그의 피살 장면이 담긴 비디오를 알 자지라 방송국에서 확인한 카타르 주재 대사의 보고 내용을 기자회견에서 밝히면서 알려졌다. 이탈리아의 모든 언론매체 는 4월 15일과 16일, 콰트리치의 '영웅적인' 죽음을 일제히 머리기사로 다루며, 그의 죽음을 애도하고 정부가 나머지 인 질 3명의 안전한 구출을 위해 모든 노력을 기울일 것을 촉구 했다. 그의 행동은 격정적인 이탈리아 국민들을 이상한 방향 으로 감동시켰다. 2003년 11월 19명의 이라크 주둔 병사들이 자살폭탄 공격으로 숨졌을 때처럼 당연히 터져 나왔을 철군 요구는 사라졌고 납치범들의 철군 요구에 굴복할 수 없다는 징벌 여론이 압도적이었다. 철군 요구를 해 왔던 야당 지도자 들도 정부에게 납치자들의 협박에 굴복하라고 요구할 수 없다 며 우파 정부 입장을 지지했다. 좌파 신문인 「레푸블리카」는 콰트리치가 이탈리아를 대표해 이라크에 간 것은 아니지만 이탈리아인이기 때문에 죽임을 당했다며 이에 가세했다(이 사건으로 그동안 이라크 문제 때문에 수세에 몰렸던 실비오 베를로스쿠니는 일약 곤경에서 빠져나와 버렸다. 운도 좋은 사람이었다).

나는 콰트리치를 생각하다가 불현듯 '그렇지, 이탈리아엔 '영웅적인' 자살의 전통이 있지!' 하는 생각이 들었다. 그러면서도 나의 생각은 '도대체 그가 그런 말을 남기면서 무엇을 구하려고, 혹은 무엇을 증명하려고 하였을까' 하는 데에 머물렀다. 나는 그 장려한 말을 남긴 의미를 아직 모른다. 결정의 순간에 그가 남긴 그 외침에는 확실히 명쾌함과 장엄함이 있다. 한순간 허공으로 한껏 솟구쳐 올랐다가 다음 순간 폭발하여 산산히 흩어져버리는 격렬함도 있다. 그는 그의 먼 조상인 다수의 이탈리아인들이 그랬던 것처럼 생명보다 소중할 것이 있다는 것을, 아니면 생명이 희생시킬 수 없는 것도 있다는 것을 증명하려 했던 것인가? 그러나 그가 적어도 그 순간에 포기한 것은 몇 캐럿이나 되는 다이아몬드 조각이 아니었다. 그러나 마찬가지로 그의 마지막 행위가 인간의 비참한 존재 조건을 상기시키지도 않았다.

아무튼 이것이 얼마 되지 않는 이 작은 책의 집필을 본격적으로 시작한 계기였다. 그런데 하얀 바탕에 명령어를 기다리는 반짝거리며 움직이는 검은 색 커서만을 무심코 바라보는 일이 유독 잦아졌다. 특히 후반부로 갈수록 무엇인가 답답하고 명쾌함을 갈망하는 느낌이 더했다. 확실하고 분명한 대답만을 기대했기 때문인가? 아니면 콰트리츠의 인상이 너무 강렬했기 때문인가?

죽음이 인간의 지식으로는 접근이 가능한 것이 아니란 것을 몰랐던 것은 아니다. 그러나 설사 그렇다 하더라도 생각하고 생각하면 최소한 정리는 할 수 있을 것이란 기대가 있었고 또 그것이 시작한 이유이기도 하다. 그러나 역시 어렵다. 우선 생각하는 것도 그렇지만 생각한 것을 말한다는 것은 더욱 어렵다. 나는 생각한 것을 다듬고 재어서 쓰는 그런 능력도 습성도 없다. 그러나 역시 적어도 이 경우에는, 갈수록 맥이 빠지고 질린 느낌이다. 무엇인가 윤리적인 문제도 이야기해야 한다는 강박관념이 있었는지는 나도 모르겠다. 무엇인가 제약을 생각하면서 쓴다는 것은 역시 부담스럽다.

어찌되었든 가능하면 개인적인 느낌이나 주장은 제거하려고 노력하면서— 그러나 이 부분에서만은 말하고 싶은 것을 개인적으로 말하는 것을 용서하기 바란다— 그동안 고민해 왔던 것을 정리해서 마쳤다. 그래서 가능하면 문제를 제기하거나 제기된 문제의 해석에 치중하였을 뿐이지 어떤 도덕이나 윤리적 판단을 쓰려고 하지는 않았다는 점을 밝혀둔다. 마지막으로 희망의 윤리에 관한 짧은 생각으로 이 글을 마쳤으면 한다.

자살이란, 더 이상은 이 생의 사건들에 대한 통제를 행사할 수 없어서 그 생을 소유하지 못한다고 느끼는 자들의 최후 행위이다. 자살을 기도하는 사람들은 오직 죽음만이 자신의 생의 고삐를 다시 잡을 유일한 방법으로 생각한다. 그래서 그는 마지막으로 어쩌면 그의 전 생애에 단 한 번뿐일지 모르는 자발적인 선택을 한 것이다. 그가 남기는 메시지는 예전에는 다른 사람들이 듣기를 원하지 않았던 고뇌의 메시지이다.

모든 자살자는 주변과 세상에 대한 하나의 경고이다. 그들은 진실의 시간과 그에게 결핍되어 있었던 모든 것 -사랑이라든가, 애정, 존경, 평가, 인정 그리고 돈 등- 에 드리워진 커튼을 걷어낸다. 요컨대 그 자신을 다시 한번 마지막으로 재평가할 노력을 포기하는 것이다.

미래로 활짝 열린 현재에 살고 있다는 느낌을 항시 간직하면서 살기는 실제로 쉽지 않다. 사실 우리들의 미래는 하나의 목표, 하나의 목적을 가질 수 있다는 보다 확실한 전망을 필요로 한다. 우리는 우리의 삶이 하늘에 닿는 태양의 광선이기를 바라고 있는 것이다. 그런데 자살자는 이러한 미래의 전망에 대한 아무런 확신이 없다. 오직 지나간 과거에 사로잡혀서 죽음의 생각에 침몰되어 있다. 그는 시간이 그를 위해서는 거꾸로 간다는 부정적인 느낌에 함몰되어 있는 것이다.

우리의 삶은 때로는 추수가 끝나서 온통 짓밟아 놓은 것처럼 헝클어지고 벌거벗겨진 밭, 오로지 냉랭한 회오리바람만이 불어오는 황량한 공동묘지와 같을 때가 있다. 그리고 그 들판에서 까마귀는 그을음만 가득한 하늘 아래서 검은 비가(悲歌)만 노래하고 있다고 느낄 수도 있을 것이다. 그래도 농부는 같은 밭에 씨를 뿌린다. 그 텅 비어 있는 공허, 그 광활한 황무지, 거친 황야에 씨를 뿌리는 것이다. 수확의 씨는 희망이라는 싹을 숨기고 먼지 속에 몸을 숨기지만 곧 그의 삶은 언제나 승리할 것이며 그의 삶은 영원하다는 것을 증명할 것이다.

농부는 삶의 신비를 알기 때문에 씨를 뿌린다. 나뭇잎이 떨어져도 그는 곧 봄이 다가오리라는 것을 알고 있는 것이다. 긴 불모의 계절이 지나면 언제나 봄은 오는 법이다. 이것이 자연의 진리이고 인간의 진리인 것이다. 아무리 깊은 비탄이 있다 해도 비탄의 깊이에 가려진 문 뒤에 숨겨진 희망이라는 것이 있다는 것을 가리지는 못한다. 어디쯤 되는지는 모르지만 내 집의 창문 건너 어딘가에는 반드시 하늘로 이르는 지평선이 있으며 거기에서는 매일 하늘로 차오르는 태양이 떠오르는 법이다.

베르테르가 읊조린 말을 뒤집어보고 싶다. "고통이 (내가) 참아낼 수 없을 정도로 큰가 작은가"가 아니라 "내가 그 고통을 감내할 정도로 강한가 그렇지 못한가"가 문제가 될 것이다. 게다가 우리 모두가 세상의 모든 장애들을 극복하며 살아가는 것은 아니지 않은가. 단지 참아내며 살아갈 뿐이다.

주

1) 그리스 신화에 나오는 명계(冥界)의 신.

2) 튜턴 신화에 나오는 오딘(Odin)신의 전당으로 정확히는 발할 (valhall), 즉 '전사자의 큰 집' 또는 '기쁨의 집'이라는 뜻이다. 발할라는 신들의 세계인 아스가르드에서 가장 아름다운 궁 전이라 한다. 이곳에서는 매일 잔치가 벌어지는데, 산해진미 와 명주가 나온다. 발할라는 튜턴 족이 생각해낸 일종의 이 상향인 듯하다.

3) 빅토르 타우스크(1879~1919)는 지금의 크로아티아 출신으로 서 다양한 재능을 지닌 자유주의자였다. 1908년 비엔나로 이 주하여 의학과 심리학을 공부했다. 1912년에는 루 안드레아 스 살로메를 만나 그녀의 연인이 되었다. 1913년과 1914년 무렵에는 그녀와 그 그리고 프로이드 사이에 삼각 관계가 성 립되어 서로가 이 관계를 유리한 쪽으로 생각하였다. 이 관 계에 관해서는 폴 로아젠(Paul Roazen)의 『괴짜인 내 형제, 너, 프로이드와 타우스크의 이야기 *Animal, mon frère, toi, l'histoire de Freud et Tausk*』(Payot, Paris, 1971)를 참조했다. 루 안드레아 스 살로메, 프로이드, 타우스크의 관계는 페테스의 『나의 누 이여, 나의 신부여』에 각색되어있다.

4) Jerome Millon, Paris, 1771, 2001 재간행본.

5) 제2권 제6장 제7절, 제8절. 몽테뉴의 『수상록 *Essais*』II, III 에도 케아섬의 풍속에 관한 언급이 있다.

6) 프리츠 페터 크납, 『자살론』, p.13. 게르트 미슐러, 『자살의 문화사』(유혜자 옮김, 시공사, 2002.) p.35. 재인용.

7) 에밀 뒤르켕, 『자살론』, p.385.

8) 플라비우스 조세프(Flavius Josephe), 『유태인들의 전쟁』. 마사 다에 얽힌 사건을 기록한 조세프는 원래는 서기 66년 유태인 들이 로마 제국의 통치에서 벗어나려고 반란을 일으켰을 당 시 갈릴리 지방의 유태군 지휘관이었다. 그는 나중에 조국에 등을 돌리고 로마군에 넘어갔지만, 어느 역사책에도 나와 있 지 않은 마사다 싸움을 후세에 전했다.

9) 도나파 추종자, 즉 도나티시트들(Donatists)은 신학자「티코니

우스」(Tyconius)의 지도 아래서 흠 없고 순수한 교회를 동경하였다. 공회는 콘스탄틴 대제에게 도나티스트를 제재해 줄 것을 요청하였고, 317년 군대를 동원, 도나티스트들을 살해하고 그 재산은 파괴, 몰수하였다. 이단으로 간주되고 있었으나 왕권의 힘을 빌어 군대를 동원, 강제로 분파주의자들을 로마교회로 개종하는 데 있어서 초대교회의 성도 박해를 능가하는 로마교회의 잔인한 고문, 박해 조직을 독려하는 원조가 된 서글픈 역사를 간직하고 있다.

10) 제8장, 91-101행.

11) 에밀 뒤르켕, 앞의 책, p.382.

12) 에밀 뒤르켕, 앞의 책, p.382, 조지 미노이스(Georges Minois), 『자살의 역사 *History of Suicide*』, Johns Hopkins University, 1999, p.59.

13) 필자가 강조한 것임.

14) 아킬레스가 트로이 전쟁 중 전사하자 그 시체를 찾아 온 두 전사인 율리시즈와 아작스(Ajax) 중 한 사람이 갑옷을 받게 되었는데, '지혜는 용기를 이긴다'는 이유로 갑옷은 결국 율리시즈에게 돌아간다. 이에 실망한 아작스는 자살하고 그의 피 속에서 히아신스가 피어났으며, 꽃잎에는 아작스의 머리글자인 AJ가 새겨져 있다고 한다. 아킬레스의 갑옷에 얽힌 이 이야기가 히아신스의 꽃말에 대한 또 다른 전설이다.

15) 애절한 베르테르가 행하지 못한 것을 파우스트는 성취하는 셈이다. 그러나 이는 현실의 모순으로부터 도망치고자 하는 욕망에서가 아니라 복잡한 존재의 현실에 자극을 받아서 성취하는 것이다. 파우스트가 죽음의 독약이 담긴 술잔에 매혹된 것은 생의 원천이 고갈되어서도 아니고 화병의 물이 말라버렸기 때문도 아니다. 반대로 신으로부터 선택받은 그는 그의 아버지인 신으로부터 무엇과도 비교될 수 없는 조그만 약병을 받아서 하나의 절대적 행동만이 지평을 열어줄 새로운 세계로 들어가게 된다. 그러나 부활절의 노래 소리는 삶의 부드러움으로 파우스트를 유혹하고, 부인했던 신을 찬미하는 찬송가는 죽음의 욕망을 떨쳐버리게 한다. 그리스도가 부활한 것이다! 마찬가지로 파우스트는 그의 헛된 탐색과 절대로서의 진리에 대한 집착을 버린 대가로 사변적 절망에서 해

방된 것이다. 그리하여 그의 정열의 결과와 노력의 수고를 통해서 보다 풍부하고 매력적인 할 일을 찾게 된다. 파우스트는 그가 자신의 존재에 의해서 순수한 철학적 자살이란 불가능한 것이라는 것을 증명한다는 관점에서는 안티-베르테르다. 그의 관점에서 본다면, 실체 없는 하나의 열정에 의한 자살이 아니라면 아직 자연적인 죽음이 저 멀리에 있는데 어떻게 냉정하게 끝을 맺을 수가 있겠는가!

16) 1894년 무더운 여름, 성 요한의 축제일 전야이다. 스웨덴 북쪽에 자리한 백작의 저택에서 파티가 한창 무르익을 무렵, 백작의 하인 진은 약혼녀 크리스틴과 함께 부엌에서 즐거운 시간을 보낸다. 그때 저택에 혼자 남은 백작의 딸 줄리가 들어온다. 아름답고 오만한 줄리는 약혼이 깨지자 낙담해서 극도의 자기혐오에 빠진 상태인데, 줄리는 술을 마시고 하인들과 춤을 춘다. 하인들은 백작 신분인 줄리가 자기들과는 전혀 어울리지 않는다는 것을 알고 있다. 어느 정도 취한 상태에서 줄리는 아버지의 침실 담당 하인인 진과 둘이서만 있게 된다. 하인인 진은 잘 생겼으며 계급에 대한 반감도 다분하다. 그는 언젠가는 자신의 사회적 신분의 상승을 꾀할 야망을 품고 있었기에 백작의 아름다운 딸을 호시탐탐 노려왔었다. 그런데 그녀가 막 자신의 유혹에 넘어오려 함에도 불구하고, 무슨 이유에서인지 하인은 줄리를 모욕하고 만다. 혼동스러운 줄리는 자살하기 직전이다. 스웨덴 출신의 스틸버그 작품인 이 희곡은 전 세계적으로 알려졌으며 거의 모든 나라에서 무대에 올려졌다. 1999년에는 마이크 피기스(Mike Figgis)가 영화로 각색하기도 했다.

17) George Minois, *History of Suicide*, Johns Hopkins University, 1999.

18) 최현 옮김, 범무사, 참조.

19) 확실히 소크라테스의 죽음은 의도적인 면이 강하다. 소크라테스가 무죄 판결을 받고자 했다면 그것은 불가능한 것은 아니었다고 한다. 소크라테스의 죽음이 자살인가 아닌가에 관해서는 좀 더 많은 지면을 할애해서 논해야 할 것이지만 지금 여기서 말하려는 것은 소크라테스가 자살을 어떻게 생각했느냐 하는 것이기에 여기서는 자의적이긴 하지만 다수의 의견을 따라 이와 같은 전제 조건을 이의 없이 받아들인다.

20) 세네카, 「루실리우스에게 보낸 편지」, 제3권.

21) 키레네학파(Kyrenaioi). 고대 그리스 철학의 한 학파. 창시자는 북아프리카의 키레네에서 태어난 아리스티포스이다. 그가 소크라테스의 제자라고 하여 소(小)소크라테스학파의 하나로 꼽힌다. 이 학파의 특징은 쾌락주의로서, 쾌락을 선으로 생각하고 따라서 쾌락을 인생의 목적으로 삼는 데 있다. 이 학파는 나중에 에피쿠로스학파에 영향을 주었다.

22) Lucain Marcus Annaeus Lucanus, 에스파냐의 코르도바 출생. 세네카의 동생 멜라의 아들로 페르시우스와 함께 스토아학파에서 배웠다. 네로 황제의 총애를 받아 젊어서 재무관직에 올랐으나 문학상의 문제로 황제의 질투를 사게 되어, 그 후 일체의 문학 활동을 금지당했다. 분개한 그는 피소의 네로 암살음모에 가담하였다가 발각되어 자살 명령을 받았다. 현존하는 서사시 『내란기(內亂記) *De Bello Civili*』(10권)는 잘못되어 『파르살리아 *Pharsalia*』라고도 불리었으며, 폼페이우스와 카이사르의 싸움을 테마로, 멸망해가는 공화제의 말로를 어두운 비관주의의 눈으로 묘사하였다.

23) 소련 이름 코제브니코프. 러시아 모스크바 출생. 1928년 프랑스로 이주하였다. 저명한 G.W.F. 헤겔 학자로서 평생을 헤겔 연구에 바쳤으며, 헤겔 철학의 함축성과 가능성을 철저히 도출하여 확대시키는 데 힘썼다. 가장 유명하고 영향력이 큰 저작은 『헤겔 독해입문』으로, 이것은 1930년대 후반에 파리의 고등연구원에서 강의한 것을 모은 것이다. 이 강의는 사르트르, 메를로 퐁티, 바타이유, 카이욜 등이 청강하였다. 1943년에 저술한 『법의 현상학 조묘(粗描)』는 헤겔 현상학을 출발점으로 하여 법철학을 재구성한 시도였다. 또 『그리스철학사 조묘』는 헤겔 철학으로 해석한 철학사이다.

24) 장 아메리(Jean Améry), 「자신을 되돌아보다 Porter la main sur soi」, 『자살론 *Traité du suicide*』, Actes ud, Arles, 1996.

25) 루드비히 비트겐슈타인 『노트 1914-1916』, 필자가 참조한 텍스트는 G.G. Granger가 불어로 번역하고 주석을 단 불어판 텍스트(Paris, Gallimard, 1971, pp.167-168)이다. 참고로 인용된 부분은 『노트』의 마지막 구절이며 한글 번역판은 없는 관계로 필자가 번역하였다.

26) 라이너 마리아 릴케의 「볼프 폰 칼크로이트 백작에게」에서
    발췌. 텍스트는 불어판 『릴케 전집 2, 시』(Paul de Man 편집,
    Ed. du Seuil, 1972, pp.309-311).
27) 장 아메리, 앞의 책, p.23.
28) 장 아메리, 앞의 책, pp.36-37.

참고문헌

게르트 미슐러, 유혜자 옮김, 『자살의 문화사』, 시공사, 2002.

디누아르 Dinouart, *L'art de se taire*, Jerome Millon, Paris, 1771. (2001년 재간행본)

로아젠 Paul Roazen, *Animal, mon frère, toi, l'histoire de Freud et Tausk*, Payot, Paris, 1971.

릴케 Rilke Rainer-Maria, *Œuvres Completes (trad en frabcais)*, tome 4, Paul de Man, Ed. du Seuil, 1972.

몽테뉴, 윤지선 옮김, 『수상록 *Essais*』 II, III, 청목사, 1996.

미노이 Georges Minois, *History of Suicide*, Johns Hopkins University, 1999.

발작 Honore de Balzac, *Comédie humaine*, tome 4, Omnibus, 1999.

비트겐슈타인 Wittegenstein Ludwig, *Les Notes 1914-1916*, (trad par G.G.Granger), Paris, Gallimard, 1971.

스트린버그 August Strindberg, *Mademoiselle Julie*, 『줄리 孃 Miss Julie』, 1888(trad), Flammarion, 1999.

아리스토텔레스 Aristoteles , 『*Ethique à Nicomaque*』, trad. J. Tricpt, Paris, 1983.

아메리 Jean Améry, "Porter la main sur soi", *Sur le Suicide*, Arles, Actes Sud, 1996.

아우구스티누스 Augustinus, 성염 옮김,『신국론(神國論) *De Civitate Dei*』, 교부문헌총서 15, 분도, 2004.

알바크 Maurice Halbwachs, *Les Causes du suicide*, Félix-Alcan, 1930. (2002년 P.U.F. 재간행)

_____, *Les Cadres Sociaux de la Memoire*, Félix-Alcan, 1925.(1994년 Albin-Michel 재간행)

플리니우스 Pliny the Elder, *The Natural History*, John Gostock & H.T. Riley, 1855.

프랑스엔 〈크세주〉, 일본엔 〈이와나미 문고〉, 한국에는 〈살림지식총서〉가 있습니다.

📖 전자책 | 🔍 큰글자 | 🔊 오디오북

자살

| 펴낸날 | 초판 1쇄 2006년 3월 30일 |
| | 초판 4쇄 2021년 3월 31일 |

지은이	이진홍
펴낸이	심만수
펴낸곳	(주)살림출판사
출판등록	1989년 11월 1일 제9-210호

주소	경기도 파주시 광인사길 30
전화	031-955-1350 팩스 031-624-1356
홈페이지	http://www.sallimbooks.com
이메일	book@sallimbooks.com

| ISBN | 978-89-522-0491-2 04080 |
| | 978-89-522-0096-9 04080(세트) |

089 커피 이야기　eBook

김성윤(조선일보 기자)

커피는 일상을 영위하는 데 꼭 필요한 현대인의 생필품이 되어 버렸다. 중독성 있는 향, 마실수록 감미로운 쓴맛, 각성효과, 마음의 평화까지 제공하는 커피. 이 책에서 저자는 커피의 발견에 얽힌 이야기를 통해 그 기원을 설명한다. 커피의 문화사뿐만 아니라 커피에 대한 일반적인 정보 및 오해에 대해서도 쉽고 재미있게 소개한다.

021 색채의 상징, 색채의 심리

박영수(테마역사문화연구원 원장)

색채의 상징을 과학적으로 설명한 책. 색채의 이면에 숨어 있는 과학적 원리를 깨우쳐 주고 색채가 인간의 심리에 어떤 작용을 하는지를 여러 가지 분야의 사례를 통해 설명한다. 저자는 색에는 나름대로의 독특한 상징이 숨어 있으며, 성격에 따라 선호하는 색채도 다르다고 말한다.

001 미국의 좌파와 우파　eBook

이주영(건국대 사학과 명예교수)

진보와 보수 세력의 변천사를 통해 미국의 정치와 사회 그리고 문화가 어떻게 형성되고 변해왔는지를 추적한 책. 건국 초기의 자유방임주의가 경제위기의 상황에서 진보-좌파 세력의 득세로 이어진 과정, 민주당과 공화당의 대립과 갈등, '제2의 미국혁명'으로 일컬어지는 극우파의 성장 배경 등이 자연스럽게 서술된다.

002 미국의 정체성 10가지 코드로 미국을 말하다　eBook

김형인(한국외대 연구교수)

개인주의, 자유의 예찬, 평등주의, 법치주의, 다문화주의, 청교도 정신, 개척 정신, 실용주의, 과학 · 기술에 대한 신뢰, 미래지향성과 직설적 표현 등 10가지 코드를 통해 미국인의 정체성과 신념을 추적한 책. 미국인의 가치관과 정신이 어떠한 과정을 통해서 형성되고 변천되어 왔는지를 보여 준다.

058 중국의 문화코드

강진석(한국외대 연구교수)

중국의 핵심적인 문화코드를 통해 중국인의 과거와 현재, 문명의 형성 배경과 다양한 문화 양상을 조명한 책. 이 책은 중국인의 대표적인 기질이 어떠한 역사적 맥락에서 형성되었는지 주목한다. 또한, 구체적이고 실제적인 여러 사물과 사례를 중심으로 중국인의 사유방식에 대해 설명해 주고 있다.

057 중국의 정체성   eBook

강준영(한국외대 중국어과 교수)

중국, 중국인을 우리는 과연 어떻게 이해해야 하나? 우리 겨레의 역사와 직 · 간접적으로 끊임없이 영향을 주고받은 중국, 그러면서도 아직까지 그들의 속내를 자신 있게 말할 수 없는, 한편으로는 신비스럽고, 한편으로는 종잡을 수 없는 중국인에 대한 정체성을 명쾌하게 정리한 책.

015 오리엔탈리즘의 역사   eBook

정진농(부산대 영문과 교수)

동양인에 대한 서양인의 오만한 사고와 의식에 준엄한 항의를 했던 에드워드 사이드의 오리엔탈리즘. 이 책은 에드워드 사이드의 이론 해설에 머무르지 않고 진정한 오리엔탈리즘의 출발점과 그 과정, 그리고 현재와 미래의 조망까지 아우른다. 또한 오리엔탈리즘이 사이드가 발굴해 낸 새로운 개념이 결코 아님을 역설한다.

186 일본의 정체성   eBook

김필동(세명대 일어일문학과 교수)

일본인의 의식세계와 오늘의 일본을 만든 정신과 문화 등을 소개한 책. 일본인을 지배하는 이데올로기는 무엇이고 어떤 특징을 가지는지, 일본을 주목해야 하는 이유는 무엇인지 등이 서술된다. 일본인 행동양식의 특징과 토착적인 사상, 일본사회의 문화적 전통의 실체에 대한 분석을 통해 일본의 정체성을 체계적으로 살펴보고 있다.

261 노블레스 오블리주 세상을 비추는 기부의 역사

예종석(한양대 경영학과 교수)

프랑스어로 '높은 사회적 신분에 상응하는 도덕적 의무'를 뜻하는 노블레스 오블리주. 고대 그리스부터 현대까지 이어지고 있는 노블레스 오블리주의 역사 및 미국과 우리나라의 기부 문화를 살펴보고, 새로운 시대정신으로 노블레스 오블리주를 부활시킬 수 있는 가능성을 모색해 본다.

396 치명적인 금융위기, 왜 유독 대한민국인가 `eBook`

오형규(한국경제신문 논설위원)

이 책은 전 세계적인 금융 리스크의 증가 현상을 살펴보는 동시에 유달리 위기에 취약한 대한민국 경제의 문제를 진단한다. 금융안정망 구축 방안과 같은 실용적인 경제정책에서부터 개개인이 기억해야 할 대비법까지 제시해 주는 이 책을 통해 현대사회의 뉴노멀이 되어 버린 금융위기에서 살아남는 방법을 확인해 보자.

400 불안사회 대한민국, 복지가 해답인가 `eBook`

신광영(중앙대 사회학과 교수)

대한민국 사회의 미래를 위해서 복지는 선택이 아니라 필수라고 말하는 책. 이를 위해 경제 위기, 사회해체, 저출산 고령화, 공동체 붕괴 등 불안사회 대한민국이 안고 있는 수많은 리스크를 진단한다. 저자는 사회적 위험에 대응하기 위한 복지 제도야말로 국민 모두의 삶의 질을 높일 수 있는 길이라는 것을 역설한다.

380 기후변화 이야기 `eBook`

이유진(녹색연합 기후에너지 정책위원)

이 책은 기후변화라는 위기의 시대를 살면서 우리가 알아야 할 기본지식을 소개한다. 저자는 기후변화와 관련된 핵심 쟁점들을 모두 정리하는 동시에 우리가 행동해야 할 실천적인 대안을 제시한다. 이를 통해 독자들은 기후변화 시대를 사는 우리가 무엇을 해야 할 것인지에 대하여 생각해 볼 수 있을 것이다.

사회 · 문화

(주)살림출판사
www.sallimbooks.com
주소 경기도 파주시 문발동 522-1 | 전화 031-955-1350 | 팩스 031-955-1355